Manuela Oehninger Suter

Low-Carb-Suppen

40 Suppen und Eintöpfe zum einfachen Nachkochen

Inhalt

Suppe: Von der Arme-Leute-Speise zur hippen Trendkost 4

Wie alles begann 4

Kalorien und Kohlenhydrate – was zu viel ist, ist zu viel! 5

Low-Carb → LOGI 6

Die LOGI-Vorteile auf einen Blick 7

LOGI-Pyramide 8

Low-Carb-Suppen und -Eintöpfe – einfach unwiderstehlich! 10

Gute Zutaten – guter Geschmack! 10

Die Vorteile liegen auf der Hand 11

Und zu guter Letzt … 11

Gesundheit aus dem Suppentopf 12

Rezepte

BASICS

- Selbst gemachte Rinderbrühe ········· 15
- Klassische Hühnerbrühe ··············· 16
- Hausgemachte Gemüsebrühe ··········· 17

FRÜHLING

- Bärlauchsuppe mit Brätkügelchen ······ 18
- Brokkolisuppe mit Brunnenkresse und Pistazien ······························ 19
- Forellensuppe mit Frühlingsgemüse ··· 20
- Jungspinatsuppe ······················· 22
- Scharfe Spargelsuppe mit Parmesan-cracker ································· 23
- Kalbsfleischeintopf mit frischen Bohnen und Salbei ···················· 24
- Knoblauchsuppe mit Kräuterfrischkäse · 26
- Thai-Curry-Eintopf ····················· 28

SOMMER

- Exotische Möhrensuppe ··············· 30
- Gurken-Buttermilch-Kaltschale ········ 31
- Süßsaure Paprika-Möhren-Suppe ······ 32
- Kalter mediterraner Gemüseeintopf ···· 33
- Fischsuppe mit Tomaten ··············· 34
- Gazpacho (kalte spanische Gemüsesuppe) ········ 35
- Kühle Karotten-Zitronen-Suppe ········ 36
- Paprikaschotensuppe mit Fetakäse ····· 37
- Kühle Tomaten-Avocado-Suppe mit Garnelenspieß ························· 38
- Erdnusssuppe mit Putenstückchen ····· 40
- Fruchtige Dickmilchkaltschale ········· 41

HERBST

- Kürbissuppe mit Lachs ················· 42
- Pfifferlingsuppe ························ 43
- Linsen-Lauch-Eintopf mit Curry ········ 44
- Stangenselleriesuppe mit Morcheln und Trüffelbutter ······················· 45
- Kürbis-Spinat-Eintopf mit Ziegenkäse ··· 46
- Blumenkohlsuppe mit Gorgonzola und Birnen ····························· 48
- Blitzschnelle Tomatensuppe ··········· 50
- Hackfleisch-Gemüse-Eintopf ··········· 51
- Artischocken-Zucchini-Suppe ·········· 52

WINTER

- Sauerkrautsuppe ······················· 53
- Chili con Carne ························ 54
- Senf-Lauch-Suppe mit Kasseler ········ 56
- Zitronige Selleriesuppe mit Speckstreifen ························· 58
- Minestrone »Nonna Ines« ·············· 60
- Rindsrouladeneintopf ·················· 62
- Rote-Bete-Suppe mit Meerrettich-schaum ································ 63
- Orangen-Linsen-Suppe mit Lebkuchengewürz ····················· 64
- Ananassuppe mit Kokoseis ············· 66

Suppe: Von der Arme-Leute-Speise zur hippen Trendkost

Im Laufe der Jahrhunderte wandelte sich die Suppe von der Arme-Leute-Speise bis hin zur hippen Trendkost. Das leicht angestaubte Image hat sie längst hinter sich gelassen: Suppenbars und -restaurants boomen. Ob dünn- oder dickflüssig, mit oder ohne Einlage, heiß oder kalt: Für Suppen gibt es vielfältige Variationsmöglichkeiten. Die dickflüssigere und gehaltvollere Version ist gemeinhin als Eintopf bekannt.

Low-Carb-Suppen, die wunderbar ohne kohlenhydratreiche Zutaten wie Mehl oder Kartoffeln auskommen und trotzdem ein Hochgenuss sind, lassen sich leicht vorbereiten, sind unendlich vielfältig, sättigen gut und sind dabei gleichzeitig kalorienarm. Die perfekte Ergänzung für Ihren Low-Carb/LOGI-Speiseplan.

Wie alles begann

Die Suppe wie wir sie heute kennen ist erst seit etwa 700 Jahren bekannt. Vor über 7.000 Jahren wurden die ersten suppenähnlichen Speisen aus Fleisch und Wurzeln, die roh nicht verdaubar waren, in eine mit Tierhäuten ausgekleidete Grube gelegt und mit Wasser aufgegossen. Zum Kochen benutzte man glühende Steine, die zuvor im Feuer erhitzt wurden. So wurden die Zutaten gegart und verdaulich gemacht. Nach Erfindung von Tontöpfen wurden die ersten Suppen dann über dem Feuer gekocht. Im Laufe der Zeit verwendete man die ersten Getreidesorten und Hülsenfrüchte als Zutaten.

Bis zur Erfindung des Löffels vor ca. 5.000 Jahren wurden die flüssigen Mahlzeiten geschlürft. In Deutschland wurden Suppen als Löffelmahlzeit erst im 18. Jahrhundert bekannt. Bis zum Anfang des letzten Jahrhunderts war es außerdem üblich, den Suppentopf in die Mitte des Tischs zu stellen und jeder aß daraus. Eigene Suppenteller waren nur den Reichen und Adeligen vorbehalten. Bei Hungersnöten und in Kriegszeiten sicherten Suppen und Eintöpfe das Überleben. Für eine warme, sättigende Mahlzeit wanderten alle Zutaten in den Topf, die gerade verfügbar waren oder die man sich leisten konnte.

Heute sind bei Suppen und Eintöpfen kaum kulinarische Grenzen gesetzt. Alle erdenklichen Zutaten sind nahezu immer und überall verfügbar. Generell ist es empfehlenswert, auf regionale und saisonale Produkte zurückzugreifen. Davon profitieren die Umwelt, Ihre Gesundheit und nicht zuletzt Ihr Geldbeutel. Gegen den einen oder anderen Ausflug in exotische Gefilde ist aber nichts einzuwenden.

Kalorien und Kohlenhydrate – was zu viel ist, ist zu viel!

Noch unsere Großeltern und Eltern haben körperlich meist hart gearbeitet. Sie verbrauchten dadurch viel Energie und konnten auch dementsprechend viele Kalorien zu sich nehmen. Auch kohlenhydratreiche Mahlzeiten auf Basis von Brot, Kartoffeln und Nudeln waren dank reichlich Muskelarbeit meist kein Problem.

Heutzutage bewegen wir uns jedoch immer weniger. Wir legen unseren Weg zur Arbeit im Auto oder mit Bus und Bahn zurück, sitzen meist den lieben langen Tag am Schreibtisch und abends vor dem Fernseher oder Computer. Und häufig fehlt nach Feierabend die Lust, regelmäßig Sport zu treiben.

An unseren Essgewohnheiten hat sich allerdings wenig geändert. Wir nehmen Kalorien und Kohlenhydrate in Schwerstarbeitermengen zu uns, die unseren tatsächlichen Bedarf übersteigen. Damit ist unser Stoffwechsel auf Dauer überfordert. Zu viele Kalorien und Kohlenhydrate machen nicht nur dick, sondern langfristig auch krank.

Low-Carb → LOGI

Low-Carb ist eine Ernährungsweise, bei der der tägliche Kohlenhydratanteil in der Nahrung bewusst reduziert wird. Dabei wird insbesondere der Verzehr von zucker- und stärkehaltigen Lebensmittel eingeschränkt. Das unterstützt den Stoffwechsel und beugt Heißhungerattacken und einer übermäßigen Aufnahme von Kalorien vor.

Eine Reduktion der täglichen Kohlenhydratmenge auf etwa 80 bis 130 Gramm wird in der Regel sehr gut akzeptiert und lässt sich einfach umsetzen; zwei Aspekte, die für eine dauerhafte Ernährungsumstellung wichtig sind. Hier kommt LOGI ins Spiel, eine moderate, flexible, alltagstaugliche und äußerst genussvolle Form der Low-Carb-Ernährung.

LOGI ist eine Abkürzung der englischen Umschreibung Low Glycemic and Insulinemic Diet, einer Ernährung, die niedrige Blutzucker- und Insulinspiegel bedingt. Mit einer Zufuhr von etwa 80 bis 130 Gramm Kohlenhydrate pro Tag werden starke Blutzuckerschwankungen und entsprechende Insulinausschüttungen verhindert.

Damit die Kohlenhydrate aus der Nahrung verstoffwechselt werden können, wird Insulin benötigt. Werden häufig und viele Kohlenhydrate gegessen, steigt der Blutzucker an und die Bauchspeicheldrüse schüttet entsprechende Mengen an Insulin aus, um den Blutzucker wieder auf das Ausgangsniveau zu senken. Rasch abfallende Blutzuckerwerte lösen jedoch erneut Hungergefühle aus, die bevorzugt mit weiteren Kohlenhydraten bekämpft werden. Damit setzt sich die Spirale erneut in Gang und die sogenannte Kohlenhydratfalle schnappt zu – mit reichlich überflüssigen Kalorien im Gepäck.

Hohe Insulinspiegel im Blut führen außerdem dazu, dass Fett vermehrt gespeichert und schlechter verbrannt wird. Umgekehrt wird die Fettverbrennung bei niedrigen Insulinspiegeln angekurbelt und es wird weniger Fett deponiert. Niedrige Blutzucker- und Insulinspiegel schaffen also beste Bedingungen für eine erfolgreiche Gewichtsreduktion – ganz ohne Hunger oder Verzicht. Wasser-, ballaststoff- und eiweißreiche Lebensmittel sorgen für eine gute und lang anhaltende Sättigung, was uns automatisch weniger essen lässt.

Und, was man gar nicht oft genug erwähnen kann: Auch unabhängig von einer Gewichtsabnahme verbessern sich Stoffwechselparameter wie Blutdruck, Blutfettwerte, Harnsäure oder Entzündungswerte. Gute Voraussetzungen für die Prävention von Typ-2-Diabetes, Herz-Kreislauf-Erkrankungen und weiteren Zivilisationskrankheiten.

Die LOGI-Vorteile auf einen Blick

Das Wichtigste zuerst: LOGIsches Essen schmeckt ausgezeichnet, ist abwechslungsreich und lässt sich perfekt in den Alltag integrieren. Sie können sofort damit beginnen. LOGI tut Ihrem Stoffwechsel und damit Ihrer Gesundheit gut – auch dann, wenn Sie kein Gewicht reduzieren.

Aber das ist längst nicht alles:

LOGI versorgt Sie optimal mit allen lebenswichtigen Nähr- und Vitalstoffen. Sie fühlen sich schon nach kürzester Zeit vitaler und zufriedener.

Heißhungerattacken werden aufgrund der niedrigen Blutzucker- und Insulinspiegel vermieden. Zusammen mit der guten Sättigung reguliert sich die Kalorienaufnahme von selbst und Sie müssen keine komplizierten Berechnungen anstellen. Die Kohlenhydrate werden reduziert, sind aber nicht gänzlich verboten. So haben auch kleine Naschereien durchaus ihren Platz. Das macht LOGI so flexibel.

LOGI basiert vor allem auf frischen Grundnahrungsmitteln. Fertigprodukte, die nicht nur teuer sind, sondern auch jede Menge unerwünschter Zusatzstoffe enthalten, brauchen Sie dafür nicht; ebenso wenig wie Light- oder fettreduzierte Produkte. Dennoch nimmt die Zubereitung der LOGI-Gerichte nicht viel Zeit in Anspruch und macht außerdem Spaß.

FAZIT: Essen nach der LOGI-Methode ist keine Diät, sondern die ideale Ernährungsweise für den Rest Ihres Lebens!

LOGI-Pyramide

Als sehr einfach anwendbares Instrument unterstützt Sie die LOGI-Pyramide bei der täglichen Lebensmittelauswahl:

Die Lebensmittel auf der ersten Stufe bilden den Grundstein der LOGI-Ernährung.

Durch den hohen Wasser- und Ballaststoffanteil von Gemüse, Salaten, Pilzen und zuckerarmen Früchten nehmen Sie auch mit größeren Portionen nie zu viele Kalorien zu sich. Beim Verzehr von Gemüse, Salaten und Pilzen gibt es prinzipiell keine Grenzen nach oben, vom Obst sollten aufgrund des Fruchtzuckergehalts maximal zwei Portionen pro Tag gegessen werden. Weiterhin finden sich hochwertige Fette – etwa Oliven- oder Rapsöl, Leinöl und Butter – auf dieser Stufe. Sie liefern Ihrem Körper wichtige Fettsäuren und sind zudem ausgezeichnete Geschmacksträger.

Die zweite Stufe bildet hochwertige Eiweißlieferanten wie Fisch, Fleisch, Milchprodukte sowie Nüsse und Hülsenfrüchte ab. Diese Lebensmittel versorgen den Organismus mit wertvollen Aminosäuren und sättigen gut und lang anhaltend.

Auf Stufe 3 und 4 der LOGI-Pyramide finden sich die Lebensmittel, die aufgrund ihres Kohlenhydratgehalts den Blutzucker mehr oder weniger ansteigen lassen und eine entsprechende Insulinreaktion auslösen. Hier heißt es Maßhalten, um den Blutzuckerspiegel nicht in die Höhe zu treiben. Es ist jedoch absolut in Ordnung, wenn Sie einmal täglich eine kleine, etwa faustgroße Portion eines kohlenhydrathaltigen Lebensmittels von Stufe 3 der Pyramide, z.B. eine Scheibe Vollkornbrot, eine Pellkartoffel oder ein bis zwei Esslöffel Reis, essen. Auch auf die Lebensmittel von Stufe 4 brauchen Sie nicht gänzlich zu verzichten. Schließlich gibt es bei LOGI keine Verbote. Damit würde der Reiz nur umso größer und die Ernährungsumstellung auf LOGI erschwert. Aber verlieren Sie dabei die empfohlene Gesamtmenge von 80 bis 130 Gramm Kohlenhydrate pro Tag nicht aus den Augen. Wenn Sie abnehmen möchten, sollten Sie sich eher im unteren Bereich bewegen.

Basis der Low-Carb-Suppenrezepte ab Seite 15 sind vor allem Lebensmittel von Stufe 1 und 2 der LOGI-Pyramide.

Low-Carb-Suppen und -Eintöpfe – einfach unwiderstehlich!

Suppen und Eintöpfe haben aufgrund ihres hohen Wasseranteils eine niedrige Energiedichte, halten lange satt und liefern durch die frischen, unverarbeiteten Zutaten reichlich Nähr- und Vitalstoffe. Sie passen daher perfekt ins Low-Carb/LOGI-Konzept. Je nach Menge und Konsistenz eignen sie sich als leichte kohlenhydratarme Vorspeise, als Zwischenmahlzeit oder als vollwertige Low-Carb/LOGI-Mahlzeit.

Suppen lassen sich gut vorkochen und wieder erwärmen. Sie sind daher auch perfekt zum Mitnehmen ins Büro geeignet oder für einen kochfreien Abend, wenn Sie mal keine Lust haben, lange am Herd zu stehen.

Sie können dabei praktisch nichts falsch machen: Nehmen Sie einige Low-Carb-Zutaten aus Ihrem Küchenschrank (z.B. Bohnen, Linsen, Kichererbsen), geben sie in eine Brühe und mischen diese mit Ihrem Lieblingsgemüse und Ihren Lieblingsgewürzen. Mit einigen Fleisch- oder Fischstücke als Eiweißkomponente ist Ihre persönliche Lieblingssuppe auch schon fertig!

Gute Zutaten – guter Geschmack!

Nehmen Sie sich einmal einen Moment Zeit und studieren Sie im Supermarkt die Zutatenliste verschiedener Fertigbrühen. Ach du Schreck: Bei Mononatriumglutamat, Dinatriumguanylat, Hefeextrakt, Karamellzuckersirup und weniger als zwei Prozent getrocknetem Gemüse kann einem ja jegliche Lust darauf vergehen. Gönnen Sie sich also lieber eine Suppe auf Basis einer selbst gemachten Brühe.

Die Vorteile liegen auf der Hand

- Sie wissen genau, was drin ist.
- Ihre selbst gemachte Brühe ist frei von Geschmacksverstärkern und Zusatzstoffen.
- Sie erhalten bei jeder Brühe einen anderen, einzigartigen Geschmack und sind nicht immer wieder dem von Food-Designern im Labor entwickelten monotonen Einheitsgeschmack ausgeliefert.

Rezepte für selbst gemachte Fleisch-, Hühner- oder Gemüsebrühe finden Sie auf den Seite 15 bis 17. Bereiten Sie gleich eine größere Menge zu und frieren diese portionsweise ein. Dann haben Sie als Basis für Ihre Suppen und Eintöpfe immer eine wohlschmeckende Brühe zur Hand.

Greifen Sie beim Einkauf zu frischem regionalem Gemüse, wenn möglich aus Bio-Anbau. Der Vorteil: Es wird reif geerntet und hat kurze Anfahrtswege. Das schont die Vitamine. Schließlich schmeckt jede Suppe nur so gut wie ihre Grundzutaten. Aus welkem, geschmacklosem Gemüse lässt sich nun mal keine Feinschmeckersuppe zaubern. Verwenden Sie alternativ Tiefkühlgemüse. Es wird unmittelbar nach der Ernte vorbereitet, blanchiert und tiefgefroren und enthält meist mehr Vitamine als frisches Gemüse, das schon mehrere Tage im Regal liegt.

Legen Sie sich am besten auch einen kleinen Kräutergarten an. Dazu brauchen Sie nicht unbedingt einen eigenen Garten. Auch kleine Töpfe auf der Fensterbank versorgen Sie regelmäßig mit frischen Kräutern.

Noch ein Wort zu Fisch und Fleisch: Kaufen Sie es nach Möglichkeit aus artgerechter Haltung. Die Tiere haben ein würdiges Leben verdient.

Tiere aus Massentierhaltung werden zudem oft mit Wachstumshormonen und Antibiotika behandelt und Sie möchten ja schließlich kein Endlager für diese Stoffe werden.

Und zu guter Letzt …

Die ab Seite 15 folgenden Rezepte sind als Anregung und Beispiele gedacht.

Falls Sie ein Gewürz oder eine Zutat nicht mögen, ersetzen Sie sie durch andere. Oftmals finden Sie schon eine entsprechende Alternative am Ende des Rezepts. Sie können aber auch selbst kreativ werden. Ihrer Fantasie sind keine Grenzen gesetzt!

In vielen Rezepten werden die Suppenzutaten nach dem Garen püriert. Erfahrungsgemäß erhalten Sie bei Verwendung eines Standmixers eine etwas sämigere, feinere Konsistenz der Suppe. Wenn Sie häufig und gerne Suppen essen, wäre eine Anschaffung eines Standmixers also durchaus eine Überlegung wert. Alternativ können Sie aber auch einen Pürierstab verwenden.

Jetzt aber ran an den Suppentopf und viel Vergnügen beim Ausprobieren!

Gesundheit aus dem Suppentopf

Zahlreiche der in den Suppen- und Eintopfrezepten verwendeten Gewürze und Gemüsearten verfügen über Heilwirkungen.

Hühnerbrühe: Bereits die alten Ägypter setzten Hühnerbrühe bei Erkältungsbeschwerden ein. Bei einer Erkältung kommt es zu einer vermehrten Ansammlung der weißen Blutkörperchen in den oberen Luftwegen. Die Inhaltsstoffe der Hühnerbrühe setzen die Aktivität der weißen Blutkörperchen herab, die Schleimhäute schwellen ab, zäher Schleim wird gelöst und die Erkältungssymptome werden gemildert. In den USA ist die Hühnerbrühe unter dem Namen »jewish penicillin« bekannt. ***(Rezept Seite 16)***

Bärlauch (lat. Allium ursinum): Heutzutage schätzt man den Bärlauch vor allem wegen seiner verdauungsfördernden Wirkung. Daneben wirkt er u.a. als natürliches Antibiotikum und hat positive Effekte auf die Fließeigenschaften des Blutes. Die ätherischen Öle wirken insgesamt anregend auf den Stoffwechsel. Bärlauch wächst von März bis Mai. Aber Vorsicht: Bärlauchblätter dürfen nicht mit den jungen Blättern der Herbstzeitlose verwechselt werden. Diese riechen nicht, sind aber hochgiftig und schon in geringer Menge tödlich. Auch die Blätter der Maiglöckchen sind leicht mit Bärlauch zu verwechseln und ebenfalls giftig. Sie wachsen jedoch erst, wenn die Bärlauchsaison schon fast zu Ende ist. Frische Bärlauchblätter sowie alle anderen gesammelten Wildkräuter sollten Sie immer kurz abspülen und blanchieren. So beugen Sie einer Übertragung von Fuchsbandwurmeiern vor. ***(Rezept Seite 18)***

Spargel (lat. Asparagus officinalis): Spargel wirkt harntreibend, appetitanregend und verdauungsfördernd. Es wird ihm auch eine antibakterielle Wirkung nachgesagt. Grüner Spargel ist kräftiger im Geschmack als weißer, weil er über der Erde wächst und so mehr der Sonne, dem Wind und anderen Witterungseinflüssen ausgesetzt ist. ***(Rezept Seite 23)***

Salbei (lat. salvia officinalis): Der Salbei war ursprünglich in Südeuropa beheimatet. Er ist eine robuste, anspruchslose Pflanze, die bei uns problemlos im Freien oder in Töpfen gepflanzt werden kann. Salbei enthält viele ätherische Öle, u.a. natürliche Salicylsäure – ein entzündungshemmender Stoff – und den Mineralstoff Zink. Als Tee aufgegossen hilft Salbei bei Hals- und Rachenentzündungen sowie bei übermäßigem Schwitzen. ***(Rezept Seite 24)***

Knoblauch (lat. Allium sativum): Die ursprünglichen Anbaugebiete des Knoblauchs waren Zentral- und Südasien. Über den Nahen Osten und Südeuropa fand er den Weg in unsere heimischen Gärten. Der Knoblauch wirkt vorbeugend gegen Ablagerungen in den Blutgefäßen. Daneben stärkt er das Immunsystem und fördert die Verdauung. Äußerlich angewendet eignet sich Knoblauch auch als Auflage zur Behandlung von Warzen. *(Rezept Seite 26)*

Ingwer (lat. Zingiber officinale): Ingwerwurzeln findet man bei uns in den meisten Supermärkten oder in Asiashops. Achten Sie beim Kauf unbedingt auf biologisch angebauten Ingwer! Die ursprünglichen Anbaugebiete befinden sich in Indien, China und Malaysia. Europäischer Ingwer wird in Anbaukulturen gezüchtet. Die Ingwerwurzel hilft bei Übelkeit und Reisekrankheit. Ihre ätherischen Öle wirken zudem schleimlösend und hustenfördernd. Diese Wirkung ist wohltuend bei einer hartnäckigen Erkältung. Ingwer hat generell eine wärmende Wirkung, ist entzündungshemmend und wirkt schmerzlindernd. *(Rezepte Seiten 30 und 40)*

Muskatnuss (lat. Myristica fragrans): Anbaugebiet ist vor allem Indonesien, aber auch in der Karibik und Afrika wird die Muskatnuss angepflanzt. Sie wird seit dem Mittelalter wegen ihrer Heilwirkung geschätzt. Da sie krampflösend wirkt, hilft sie bei Verdauungsstörungen und wird ebenfalls zur Linderung von Schlaflosigkeit sowie zur Gedächtnisförderung eingesetzt. Daneben wirkt sie leicht antibakteriell. Wichtig: Dosieren Sie die Muskatnuss nur sehr sparsam! Bei einer Überdosierung ab ca. 4 g (½ TL) pro Portion können Kopfschmerzen, Übelkeit sowie Wahrnehmungsstörungen und Benommenheit auftreten. Nicht in der Schwangerschaft verwenden! *(Rezept Seite 43)*

Artischocke (lat. Cynara scolymus): Die Artischocke gehört zu den Distelgewächsen und wird bis zu zwei Meter groß. Aufgrund ihrer Bitterstoffe wirkt sie u. a. appetitanregend und verdauungsregulierend. Die Produktion von Gallenflüssigkeit und der Gallefluss werden angeregt. Dadurch wird das Cholesterin im Blut schneller abgebaut und ausgeschieden. *(Rezept Seite 52)*

Sauerkraut: Sauerkraut entsteht durch das Fermentieren von Weißkohl mithilfe von Milchsäurebakterien. Es ist prallvoll mit Mikroorganismen und vielen gesunden Mikronährstoffen wie Vitamin C, B_6 und Folsäure. Zudem enthält es Zink und Magnesium. Die enthaltene Milchsäure unterstützt die Resorption von Eisen. Sauerkraut stärkt das Immunsystem, Cholesterinwerte werden positiv beeinflusst. Bei Rheuma und Gicht kann es eine Linderung bringen, da es die Ablagerung von Säurekristallen in den Gelenken verhindert. Besonders wertvoll wirkt es nach einer Antibiotikagabe, da es zur Regeneration der Darmschleimhaut beiträgt. Unser Tipp: Essen Sie regelmäßig zwei bis drei Esslöffel Sauerkraut pro Tag, wenn möglich roh. *(Rezept Seite 53)*

Selbst gemachte Rinderbrühe

Ergibt: ca. 2 l
Vorbereitungszeit: 10 Minuten
Kochzeit: 2 Stunden

- 1 Bund Suppengrün
- 500 g Suppenfleisch (Rind)
- 10 schwarze Pfefferkörner
- 2 Lorbeerblätter
- 2 Wacholderbeeren
- 2 Zwiebelhälften mit Schale
- Meersalz nach Geschmack

01 Suppengrün putzen, waschen und grob zerkleinern. Das Fleisch kurz unter fließendem Wasser abspülen und in einen großen Topf legen. 2,5 l kaltes Wasser dazugießen. Das Fleisch sollte ganz bedeckt sein.

02 Die übrigen Zutaten in den Topf geben und alles ca. 2 Stunden auf kleiner Stufe köcheln lassen, dabei den Topf nicht ganz schließen.

03 Für eine schön klare Brühe von Zeit zu Zeit den entstehenden Schaum mit einer Kelle abschöpfen.

04 Damit das Fleisch nicht zäh wird, sollte es immer mit Brühe bedeckt sein. Eventuell von Zeit zu Zeit etwas heißes Wasser nachgießen.

05 Das Fleisch herausnehmen, abkühlen lassen und in feine Scheiben schneiden. Die Brühe durch ein Sieb gießen.

06 Das Fleisch kann für eine Suppe mitverwendet werden oder – z. B. mit Petersilienpesto – eine eigene Mahlzeit ergeben.

TIPPS:

01 **Diese Brühe eignet sich hervorragend als Basis für Fleischeintöpfe.**

02 **Für eine scharfe Brühe können Sie eine halbe Chilischote mitkochen.**

03 **Zur Intensivierung des Geschmacks können Sie zusammen mit dem Fleisch einen Markknochen zugeben und mitkochen.**

Klassische Hühnerbrühe

Ergibt: ca. 2 l
Vorbereitungszeit: 10 Minuten
Kochzeit: 2 Stunden

- 1 Bund Suppengrün
- 1 Suppenhuhn (ca. 2 kg)
- 2 Lorbeerblätter
- 10 schwarze Pfefferkörner
- 2 Zwiebelhälften (mit Schale)
- Meersalz nach Geschmack

01 Das Suppengrün küchenfertig vorbereiten und in grobe Stücke zerteilen.

02 Damit die fertige Brühe nicht tranig schmeckt, schneiden Sie den Bürzel (Fettdrüse am Schwanz) des Suppenhuhns weg.

03 Das Huhn in einen großen Topf legen und 2,5 l kaltes Wasser dazugießen.

04 Die übrigen Zutaten in den Topf geben und alles etwa 2 Stunden auf kleiner Stufe köcheln lassen, dabei den Topf nicht ganz schließen.

05 Das Huhn soll während der gesamten Garzeit mit Brühe bedeckt sein. Gießen Sie daher bei Bedarf etwas heißes Wasser nach.

06 Für eine schön klare Brühe von Zeit zu Zeit den entstehenden Schaum mit einer Kelle abschöpfen.

07 Das Huhn herausnehmen. Die Brühe durch ein Sieb gießen und mit Salz abschmecken. Das Fleisch vom Knochen lösen und nach Wunsch wieder zur Brühe geben oder anderweitig verwenden – z. B. für einen Geflügelsalat.

TIPP: Lassen Sie sich das Suppenhuhn bereits beim Metzger küchenfertig vorbereiten. Die Brühe wird besonders kräftig, wenn man das Suppenhuhn kalt aufsetzt.

Hausgemachte Gemüsebrühe

Ergibt: ca. 2 l
Vorbereitungszeit: 15 Minuten
Kochzeit: 1 Stunden

- 1 Gemüsezwiebel
- 5 Möhren
- 5 Stangen Staudensellerie
- 1–2 Lauchstangen
- 1 Knollensellerie
- 2 EL Raps- oder Olivenöl
- 1–2 Lorbeerblätter
- 1 EL gemischte Pfefferkörner
- grobes Meersalz nach Geschmack

01 Die Gemüsezwiebel schälen und grob würfeln. Das übrige Gemüse putzen, waschen und grob zerkleinern.

02 Öl in einem großen Topf erhitzen. Das Gemüse zufügen und unter ständigem Rühren andünsten.

03 Mit ca. 2,5 l Wasser auffüllen. Lorbeerblätter und Pfefferkörner hinzufügen. Bei schwacher Hitze mindestens 1 Stunde köcheln lassen.

04 Die Brühe durch ein Sieb gießen und mit Salz abschmecken.

05 Die Gemüsebrühe hält sich im Kühlschrank etwa eine Woche.

TIPP: Für die hausgemachte Brühe eignen sich alle Arten von Wurzelgemüse. Pürieren Sie das zurückgebliebene Gemüse und frieren es portionsweise ein. Es eignet sich gut als Zutat für eine blitzschnelle Gemüsesuppe.

Bärlauchsuppe mit Brätkügelchen

Für 2 Personen
Zubereitungszeit: 30 Minuten

- 1 kleine Zwiebel
- 1 Möhre
- 1 kleiner Fenchel
- 1 EL Olivenöl
- 400 ml Gemüsebrühe
- 50 g Hinterschinken
- 100 g Kalbsbrät
- 100 ml Sahne
- 100 g Bärlauchblätter
- Salz und Pfeffer nach Geschmack

1 Portion (ca. 500 g): 453 kcal, 14,2 g Eiweiß (12,5 E%), 39,9 g Fett (78,3 E%), 10,4 g Kohlenhydrate (9,2 E%)

01 Zwiebel schälen und fein würfeln. Die Möhre schälen, halbieren und in feine Halbmonde schneiden. Den Fenchel halbieren, den Strunk entfernen und die Knolle in feine Streifen schneiden.

02 Olivenöl in einem Topf erhitzen. Die Zwiebel darin andünsten. Möhre und Fenchel zufügen, mit der Gemüsebrühe ablöschen und alles leise köcheln lassen.

03 In der Zwischenzeit den Schinken fein würfeln und anschließend mit dem Kalbsbrät mischen. Mit 2 nassen Teelöffeln kleine Kügelchen aus der Masse formen und diese etwa 5 Minuten in der köchelnden Brühe gar ziehen lassen. Anschließend mit einer Schaumkelle herausnehmen und warm stellen. Die Sahne zur Brühe gießen und einige Minuten einköcheln lassen.

04 Die Bärlauchblätter kurz abspülen und in einem großen Topf mit Salzwasser etwa 1 Minute blanchieren. Mit der Schaumkelle herausheben und kurz abtropfen lassen.

05 Die Bärlauchblätter in den Sud geben und zusammenfallen lassen. Das Ganze mit Salz und Pfeffer abschmecken. Die Suppe noch etwa 2–3 Minuten auf der ausgeschalteten Herdplatte ziehen lassen.

06 Anschließend auf Tellern anrichten. Vor dem Servieren die warmen Brätkügelchen hineinlegen.

Brokkolisuppe mit Brunnenkresse und Pistazien

Für 2 Personen
Zubereitungszeit: 20 Minuten

- 500 g Brokkoli
- 1 Zwiebel
- 1 TL Butterschmalz
- 400 ml Gemüsebrühe
- 100 ml Sahne
- Schalenabrieb und Saft von ½ Bio-Zitrone
- 20 g Pistazienkerne
- 50 g Brunnenkresse
- Salz und Pfeffer nach Geschmack

1 Portion (ca. 520 g): 367 kcal, 11,6 g Eiweiß (12,8 E%), 30,6 g Fett (74,8 E%), 11,2 g Kohlenhydrate (12,4 E%)

01 Den Brokkoli putzen, waschen und in kleine Röschen zerteilen. Die Zwiebel schälen und würfeln.

02 Butterschmalz in einem Topf erhitzen und die Zwiebel darin glasig dünsten. Die Brokkoliröschen dazugeben und alles zusammen einige Minuten weiterdünsten.

03 Mit Gemüsebrühe und Sahne ablöschen. Das Ganze anschließend etwa 15 Minuten köcheln lassen.

04 Im Standmixer oder mit dem Pürierstab einige Minuten lang sehr fein pürieren. Mit Zitronensaft sowie Salz und Pfeffer abschmecken.

05 Die Pistazienkerne grob hacken und zusammen mit der Brunnenkresse und dem Zitronenabrieb über die angerichtete Suppe streuen.

TIPP: Alternativ zur Brunnenkresse eignen sich alle Sprossenarten wie z. B. Alfalfa- oder Rettichsprossen.

Forellensuppe mit Frühlingsgemüse

Für 2 Personen
Zubereitungszeit: 30 Minuten

- 300 g Lachsforellenfilets ohne Haut (küchenfertig)
- 1 Stange Lauch
- 2 Möhren
- 1 Stangensellerie (ohne Kraut)
- 300 ml Gemüsebrühe
- 50 ml Sahne
- 2 Safranfäden
- 1 EL Butterschmalz
- 1 Ei
- Salz und Pfeffer nach Geschmack

1 Portion (ca. 575 g): 513 kcal, 37,1 g Eiweiß (29,2 E%), 35,7 g Fett (62,2 E%), 10,9 g Kohlenhydrate (8,6 E%)

01 Die Fischfilets kurz unter fließendem Wasser abspülen und anschließend mit Küchenkrepp trocken tupfen. In etwa 3–4 cm breite Streifen schneiden.

02 Das Gemüse putzen, waschen und in 3–4 cm lange feine Streifen schneiden.

03 Für die Suppe in einem kleineren Topf 250 ml Gemüsebrühe zusammen mit der Sahne und den Safranfäden kurz aufkochen und anschließend leise köcheln lassen. Mit Salz und Pfeffer abschmecken.

04 In der Zwischenzeit für die Suppeneinlage das Butterschmalz in einer beschichteten Pfanne erhitzen. Die vorbereiteten Möhren- und Stangenselleriestreifen wenige Minuten andünsten. Anschließend den Lauch dazugeben und alles weitere 2 Minuten dünsten. Die Fischstücke dazulegen und das Ganze mit der restlichen Gemüsebrühe (50 ml) ablöschen. 8–10 Minuten köcheln lassen, bis der Fisch gar ist.

05 Zum Binden der Suppe das Ei in einer kleinen Schüssel aufschlagen und verquirlen. Löffelweise unter ständigem Rühren etwas von der heißen Suppe zum Ei geben. Das geschlagene Ei soll an die Temperatur der Suppe angepasst werden, dabei aber nicht gerinnen. Am Schluss das Ei unter ständigem Rühren in die Suppe gießen. Nicht mehr kochen lassen. Mit Salz und Pfeffer abschmecken.

06 Die Suppe in flache Suppenteller füllen. Das Gemüse und die Fischstücke aus dem Sud nehmen und darauf verteilen.

Jungspinatsuppe

Für 2 Personen
Zubereitungszeit: 25 Minuten

- 250 g junger Spinat
- 300 g weiße Champignons
- 1 Knoblauchzehe
- 1 EL Rapsöl
- 400 ml Gemüsebrühe
- 50 ml Sahne
- 1 Eigelb
- 50 g Mandelstifte
- Salz und Pfeffer nach Geschmack

1 Portion (ca. 530 g): 400 kcal, 18,4 g Eiweiß (18,7 E%), 33,8 g Fett (75,8 E%), 5,4 g Kohlenhydrate (5,5 E%)

01 Den Spinat gut waschen, Stiele abschneiden und die Blätter grob hacken.

02 Champignons putzen, unschöne oder trockene Teile der Stiele entfernen und die Pilze anschließend in dünne Scheiben schneiden. Die Knoblauchzehe schälen und pressen.

03 Das Rapsöl in einem Topf erhitzen. Knoblauch und Champignons darin andünsten. Mit der Gemüsebrühe ablöschen und einige Minuten köcheln lassen.

04 Im Standmixer oder mit dem Pürierstab kurz durchmixen.

05 Sahne und Eigelb mischen, Salz und Pfeffer zufügen. Einige Löffel heiße Suppe in das Gemisch geben und vermischen. Dann die Masse in die heiße, aber nicht mehr kochende Suppe gießen und gut umrühren.

06 Den grob gehackten Spinat unmittelbar vor dem Anrichten unter die Suppe ziehen.

07 Die Mandelstifte kurz in einer beschichteten Pfanne anrösten und zum Servieren über die Suppe streuen.

TIPP: Der milde Geschmack der Champignons bildet die ideale Basis für diese Frühlingssuppe. Anstelle von Spinat können Sie auch Sauerampfer, Löwenzahn oder junge Brennnesselblätter verwenden.

Scharfe Spargelsuppe mit Parmesancracker

Für 2 Personen
Zubereitungszeit: 25 Minuten.

- 500 g grüner Spargel
- ½ rote Chilischote
- 1 Frühlingszwiebel
- 1 EL Rapsöl
- 450 ml Gemüsebrühe
- 100 ml Sahne
- 1 Msp. Cayennepfeffer
- ½ Bund Schnittlauch
- Salz und Pfeffer nach Geschmack

Parmesancracker:

- 50 g Parmesan (oder ähnlicher Hartkäse)
- 1 Prise Cayennepfeffer

1 Portion (ca. 485 g): 371 kcal, 12,9 g Eiweiß (14 E%), 32,9 g Fett (79,1 E%), 6,4 g Kohlenhydrate (6,9 E%)

01 Von den Spargelstangen das hintere Drittel abschneiden, den Rest in 2 cm lange Stücke schneiden. Die Chilischote längs halbieren, entkernen, waschen und in feine Streifen schneiden. Die Frühlingszwiebel putzen, waschen und in kleine Ringe schneiden.

02 Das Rapsöl in einem großen Topf erhitzen. Zwiebeln, Chilischote und Spargel kurz darin andünsten. Mit der Gemüsebrühe ablöschen und Sahne dazugießen.

03 Die Suppe einige Minuten kochen lassen. Danach einen Deckel auf den Topf geben und bei ausgeschalteter Herdplatte alles etwa 20 Minuten gar ziehen lassen.

04 In der Zwischenzeit den Backofen auf 180° vorheizen.

05 Für die Cracker den Parmesan reiben und mit dem Cayennepfeffer mischen. Mit einem Teelöffel kleine Häufchen auf ein mit Backpapier ausgelegtes Blech legen und leicht flachdrücken. Dabei mindestens 5 cm Abstand lassen, da die Käsecracker beim Backen zerlaufen. In der Mitte des Ofens etwa 5–8 Minuten backen. Vorsicht: Nicht zu dunkel werden lassen, die Cracker schmecken sonst bitter. Aus dem Ofen nehmen und auskühlen lassen.

06 Nach Ende der Garzeit die Suppe im Standmixer oder mit dem Pürierstab pürieren. Mit Cayennepfeffer, Salz und Pfeffer abschmecken.

07 Schnittlauch waschen, trocken schütteln und in Röllchen schneiden.

08 Die Suppe in flache Suppenteller gießen. Mit den Parmesancrackern und den Schnittlauchröllchen garnieren.

INFO: Der leicht süßliche Geschmack der Parmesancracker passt hervorragend zu der scharfen Suppe.

Kalbsfleischeintopf mit frischen Bohnen und Salbei

Für 2 Personen
Zubereitungszeit: 30 Minuten

- 300 g geschnetzeltes Kalbsfleisch (Schulter)
- 1 kleine Zwiebel
- 1 Knoblauchzehe
- 8 Salbeiblätter
- 300 ml Rinderbrühe
- 500 g grüne Bohnen
- 10 Cherrytomaten (etwa 200 g)
- einige Salbeiblätter zum Dekorieren
- Salz und Pfeffer nach Geschmack

1 Portion (ca. 645 g): 371 kcal, 47,5 g Eiweiß (62,4 E%), 5,5 g Fett (16,4 E%), 16,1 g Kohlenhydrate (21,2 E%)

01 Das Fleisch etwa 30 Minuten vor Kochbeginn aus dem Kühlschrank nehmen.

02 Einen Edelstahltopf ohne Fett erhitzen. Die ideale Temperatur ist erreicht, wenn sie ein paar Wassertröpfchen in den Topf geben und diese auf dem Topfboden tanzen.

03 Das Fleisch in den Topf geben und verteilen. Nicht umrühren. Temperatur um etwa ein Drittel zurückschalten. Sobald sich das Fleisch problemlos vom Topfboden löst, alles umrühren und nochmals einige Minuten weiterschmoren lassen.

04 Die Zwiebel schälen und fein würfeln. Den Knoblauch ebenfalls schälen und pressen. Die Salbeiblätter waschen und trocken schütteln. Eine Hälfte für die spätere Garnitur beiseitelegen, die andere Hälfte in feine Streifen schneiden.

05 Zwiebel, Knoblauch und die zerkleinerten Salbeiblätter zum Fleisch geben und einige Minuten bei starker Hitze mit anbraten. Zwischendurch immer wieder gut umrühren. Anschließend alles mit der Brühe ablöschen.

06 Die Bohnen putzen und in ca. 3 cm lange Stücke schneiden. Diese in den Eintopf geben. Das Ganze noch etwa 20 Minuten auf kleiner Flamme köcheln lassen.

07 Cherrytomaten waschen und halbieren, kurz vor Schluss dazugeben und alles zusammen noch einen Moment durchziehen lassen.

08 Mit Salz und Pfeffer abschmecken. Mit den zurückgelegten Salbeiblättern garnieren.

Knoblauchsuppe mit Kräuterfrischkäse

Für 2 Personen
Zubereitungszeit: 35 Minuten

- 1 ganze frische Knoblauchknolle
- 1 kleine Zwiebel
- 1 EL Butter
- 400 ml Gemüse- oder Hühnerbrühe
- 50 g Kräuterfrischkäse
- 1 Ei
- Schalenabrieb und Saft von ½ Zitrone
- 1 Bund Schnittlauch
- Salz und Pfeffer nach Geschmack

1 Portion (ca. 335 g): 250 kcal, 9 g Eiweiß (14,9 E%), 16,6 g Fett (60,8 E%), 14,7 g Kohlenhydrate (24,3 E%)

01 Den Backofen auf 200° vorheizen. Den ganzen ungeschälten Knoblauch in einer feuerfesten Form 25 Minuten in der Mitte des Ofens backen. Anschließend etwas abkühlen lassen.

02 Die Zwiebel schälen und fein würfeln.

03 Die Butter in einem Topf erhitzen, die Zwiebel dünsten. Mit der Brühe ablöschen. Zugedeckt etwa 20 Minuten auf schwacher Flamme köcheln lassen.

04 Die gebackenen weichen Knoblauchzehen aus der Schale drücken und in die Suppe geben. Im Standmixer oder mit dem Pürierstab einige Minuten pürieren. Anschließend die Suppe wieder in den Topf zurückgießen.

05 Den Kräuterfrischkäse portionsweise in die Suppe geben und so lange köcheln lassen, bis er sich aufgelöst hat.

06 Zum Binden der Suppe das Ei in einer kleinen Schüssel aufschlagen. Einige Löffel der Suppe zum verquirlten Ei geben, gut umrühren und danach die Masse in die fertige Suppe gießen. Erneut gut umrühren; die Suppe nun nicht mehr aufkochen lassen, da sonst das Eigelb gerinnt.

07 Mit Salz, Pfeffer und Zitronensaft abschmecken.

08 Den Schnittlauch waschen und in Röllchen schneiden. Zum Servieren die Suppe mit Schnittlauch und Zitronenabrieb garnieren.

TIPP: Wenn der innere Stift des Knoblauchs mit einem spitzen Messer herausgeschnitten wird, sind keine unangenehmen Ausdünstungen zu befürchten.

Thai-Curry-Eintopf

Für 2 Personen
Zubereitungszeit: 20 Minuten

- 1 Knoblauchzehe
- ½ Chilischote (entkernt)
- ½ Gemüsezwiebel
- 1 Möhre
- 1 Kohlrabi
- 500 g grüner Spargel
- 2 EL Olivenöl
- 300 g Putengeschnetzeltes
- 200–300 ml Hühnerbrühe (alternativ Gemüsebrühe)
- 1–2 EL rote Currypaste (je nach gewünschter Schärfe)
- 2 Tomaten
- 100 ml Kokosmilch
- 50 g Cashewnüsse

1 Portion (ca. 675 g): 510 kcal, 25,9 g Eiweiß (19,3 E%), 40,1 g Fett (67,8 E%), 17,3 g Kohlenhydrate (12,9 E%)

01 Die Knoblauchzehe schälen und pressen. Die Chilischote entkernen und in feine Streifen schneiden. Die geschälte Gemüsezwiebelhälfte ebenfalls in feine Streifen schneiden. Möhre schälen und in dünne Scheiben zerkleinern. Den Kohlrabi putzen und fein würfeln. Vom grünen Spargel das hintere Drittel abschneiden und den Rest in etwa 3 cm lange Stücke schneiden.

02 Olivenöl in einem weiten Topf (oder alternativ in einer Wok-Pfanne) erhitzen.

03 Knoblauch, Chilistreifen sowie das Putenfleisch dazugeben und kurz andünsten. Anschließend das Gemüse zufügen und alles bei starker Hitze unter ständigem Rühren etwa 1–2 Minuten anbraten.

04 Die Hühnerbrühe mit der gewünschten Menge der Currypaste mischen und dazugießen.

05 Den Topf mit einem Deckel verschließen und das Curry bei mittlerer Hitze ca. 15 Minuten garen.

06 Die Tomaten in kleine Würfel schneiden. Den Topf vom Herd ziehen, Tomaten und Kokosmilch untermischen. Nur noch leicht erhitzen.

07 Zum Anrichten die Cashewnüsse über den Eintopf streuen.

TIPPS:

01 Anstelle von Putenfleisch können Sie auch Schweinefilet oder Lachs verwenden. Dieser Eintopf kann mit jeglicher Art von Gemüse zubereitet werden, z.B. auch mit Spinat, Kürbis, Paprika, Lauch, Stangen- oder Knollensellerie.

02 Currypaste und Kokosmilch finden Sie in jedem gut sortierten Supermarkt. Die Paste hält sich – einmal geöffnet – mehrere Wochen bis Monate im Kühlschrank, angebrochene Kokosmilch einige Tage.

Exotische Möhrensuppe

Für 2 Personen
Zubereitungszeit: 25 Minuten

- 4 große Möhren
- 1 Zwiebel
- 1 daumengroßes Stück Ingwerwurzel
- 1 EL Rapsöl
- 1 TL scharfes Currypulver
- 400 ml Gemüsebrühe
- 150 ml Kokosmilch
- 2 Scheiben Ananas, frisch oder aus der Dose (ungezuckert)
- 20 g Erdnusskerne (ungesalzen)
- ½ Bund glatte Petersilie
- Salz und Pfeffer nach Geschmack

1 Portion (ca. 580 g): 460 kcal, 11,5 g Eiweiß (10 E%), 34,3 g Fett (67,6 E%), 25,8 g Kohlenhydrate (22,4 E%)

01 Die Möhren schälen und in Scheiben schneiden. Zwiebel schälen und würfeln.

02 Die Ingwerwurzel sehr fein reiben (ergibt etwa 1 TL).

03 Das Rapsöl in einem großen Topf erhitzen. Möhren, Zwiebeln und Ingwer hineingeben. Mit dem Currypulver bestreuen. Einige Minuten andünsten.

04 Gemüsebrühe dazugeben. Den Topf mit einem Deckel schließen. Alles bei kleiner Hitze etwa 20 Minuten köcheln lassen.

05 Den Topf vom Herd ziehen und die Kokosmilch eingießen. Die Suppe nun noch einmal kurz erhitzen aber nicht mehr kochen lassen. Anschließend im Standmixer oder mit dem Pürierstab fein pürieren.

06 Die Ananasscheiben in kleine Stücke schneiden. Die Erdnusskerne grob hacken. Die Petersilie waschen, trocken schütteln und fein hacken.

07 Die Suppe in flache Suppenteller füllen und mit den gehackten Erdnüssen, den Ananasstücken und der Petersilie anrichten.

TIPP: Dieses Rezept eignet sich für alle Wurzelgemüse. Bei einer Erdnussallergie können Sie auch Cashewkerne verwenden.

Gurken-Buttermilch-Kaltschale

Für 2 Personen
Zubereitungszeit: 10 Minuten

- 1 Freilandgurke (etwa 400 g)
- 1–2 Knoblauchzehen
- 180 g griechischer Joghurt (natur)
- 250 ml Buttermilch
- 1 EL Olivenöl
- 1 TL weißer Balsamicoessig
- 50 g Ziegenkäse in Salzlake
- einige Zweige Dill
- Salz und Pfeffer nach Geschmack

1 Portion (ca. 475 g): 310 kcal, 13,3 g Eiweiß (17,7 E%), 21,3 g Fett (62,9 E%), 14,6 g Kohlenhydrate (19,4 E%)

01 Die Gurke schälen, längs halbieren und die Kerne mit einem Löffel ausschaben.

02 Anschließend ⅓ der Gurke in kleine Würfelchen schneiden, den Rest fein reiben und gut ausdrücken. Die Knoblauchzehen schälen und pressen.

03 Den Joghurt mit Buttermilch, Olivenöl, Balsamicoessig und Knoblauch vermischen. Den Dill waschen und trocken schütteln. 1 Dillzweig fein hacken und zusammen mit der geriebenen Gurke unterheben. Mit Salz und Pfeffer abschmecken.

04 Bis zum Servieren kalt stellen. Vor dem Anrichten nochmals kurz durchrühren.

05 Zum Servieren die Gurkenwürfel und den zerbröselten Ziegenkäse über die Kaltschale geben. Mit Dillzweigen dekorieren.

TIPP: Sind nur Erwachsene am Tisch, können Sie zur Abrundung des Geschmacks 1 EL Ouzo unterrühren. Servieren Sie zu dieser kühlen Suppe einen hübsch angerichteten Teller mit Gemüsesticks nach Ihrer Wahl (z.B. Zucchini, Fenchel oder Paprikaschote)

Süßsaure Paprika-Möhren-Suppe

Für 2 Personen
Zubereitungszeit: 25 Minuten

- 1 Knoblauchzehe
- 1 kleine Zwiebel
- 2 Möhren
- 1 gelbe Paprikaschote
- 3 ganze reife Aprikosen
- 1 EL Rapsöl
- 1 Msp. Cayennepfeffer
- 450 ml Gemüsebrühe
- 100 ml saure Sahne
- 1 Lauchzwiebel
- Salz und Pfeffer nach Geschmack

1 Portion (ca. 530 g): 275 kcal, 4,6 g Eiweiß (6,9 E%), 18,8 g Fett (62,3 E%), 20,6 g Kohlenhydrate (30,8 E%)

01 Die Knoblauchzehe schälen und pressen. Die Zwiebel ebenfalls von der Schale befreien und in Würfel schneiden. Die Möhren schälen, die Enden abschneiden und in dünne Scheiben schneiden. Die Paprikaschote halbieren, entkernen und waschen. Anschließend in kleine Würfel schneiden. Die Aprikosen halbieren, den Kern herausnehmen und das Fruchtfleisch ebenfalls würfeln.

02 Das Rapsöl in einem Topf erhitzen. Knoblauch und Zwiebelwürfel darin glasig dünsten. Das geputzte Gemüse und die Aprikosenwürfel dazugeben und wenige Minuten weiterdünsten. Cayennepfeffer dazugeben. Anschließend mit der Gemüsebrühe ablöschen und alles etwa 20 Minuten garen. Die Hälfte der sauren Sahne unterrühren.

03 Im Standmixer oder mit dem Pürierstab fein pürieren und zurück in den Topf gießen. Mit Salz und Pfeffer abschmecken.

04 Die Lauchzwiebel putzen, waschen und in feinste Ringe schneiden.

05 Die Suppe in flache Schälchen oder Suppenteller gießen. Die restliche saure Sahne ringförmig über die Suppe träufeln. Lauchzwiebelringe darüberstreuen.

TIPP: Außerhalb der Saison können Sie die Suppe alternativ auch mit 3 gedörrten Aprikosenhälften zubereiten.

Kalter mediterraner Gemüseeintopf

Für 2 Personen
Zubereitungszeit: 25 Minuten
(zusätzlich 60 Minuten Zeit zum Durchziehen für die Auberginen und mindestens 30 Minuten zum Abkühlen der Suppe)

- 1 kleine Aubergine (ca. 200 g)
- 2 EL Olivenöl
- 2 EL Pinienkerne
- 1–2 Knoblauchzehen
- 1 kleine Zwiebel
- 2 Fleischtomaten
- 2 gelbe Paprikaschoten
- 10 Basilikumblätter
- Blättchen von 2 Thymianzweigen
- 8 schwarze oder grüne Oliven
- 1 EL Aceto balsamico
- 100–150 ml Wasser
- Salz und Pfeffer nach Geschmack

1 Portion (ca. 510 g): 295 kcal, 8,6 g Eiweiß (11,9 E%), 19,6 g Fett (60,1 E%), 20,2 g Kohlenhydrate (28 E%)

01 Die Aubergine waschen und in ca. 2 cm große Würfel schneiden, salzen und ca. 1 Stunde ziehen lassen. Danach das ausgetretene Salzwasser abwaschen und die Auberginenwürfel gut abtrocknen.

02 1 EL Olivenöl in einem weiten Topf erhitzen. Die Auberginenwürfel und die Pinienkerne darin so lange anbraten, bis alles eine schöne goldgelbe Farbe annimmt. Aus dem Topf nehmen und beiseitestellen.

03 Knoblauch und Zwiebel schälen. Den Knoblauch pressen und die Zwiebel in kleine Würfel schneiden.

04 Die Fleischtomaten über Kreuz einschneiden und kurz in einen Topf mit kochendem Wasser halten. Die Haut abziehen. Die Tomate vierteln und die Kerne ausschaben. Anschließend das Fruchtfleisch in etwa 3 cm große Würfel schneiden. Die Paprikaschoten halbieren, entkernen, von der weißen Haut befreien und waschen. Ebenfalls in ca. 2–3 cm große Würfel schneiden.

05 Die Basilikumblätter waschen und trocken schütteln. Die Hälfte zur Garnitur zurücklegen. Die andere Hälfte in feine Streifen schneiden. Den Thymian ebenfalls waschen und die Blätter abzupfen. Die Oliven in Ringe schneiden.

06 Nun im selben Topf das restliche Olivenöl erhitzen. Knoblauch und Zwiebeln glasig andünsten. Danach das Gemüse dazugeben und alles 15 Minuten köcheln lassen.

07 Mit Balsamicoessig und dem Wasser ablöschen. Basilikum, Thymianblättchen, Olivenringe und das Auberginen-Pinienkern-Gemisch dazugeben. Alles nochmals kurz durchwärmen. Mit Salz und Pfeffer abschmecken.

08 Anschließend den Eintopf kalt stellen. Vor dem Anrichten nochmals kurz durchrühren und dann die Basilikumblätter über den Eintopf streuen.

TIPP: Dieser Eintopf kann gut vorbereitet werden. Er passt perfekt zu gegrilltem Fleisch oder Fisch.

Fischsuppe mit Tomaten

Für 4 Personen
Zubereitungszeit: 35 Minuten

- 1 Knoblauchzehe
- ½ Chilischote
- 1 Möhre
- ½ Kohlrabi
- 2 EL Olivenöl
- 1 l Fischfond
- 400 g gehackte Tomaten (aus der Dose, abgetropft, oder frisch)
- 2–3 Safranfäden
- 1 Scheibe Lachs am Knochen (ca. 200 g)
- 1 Zanderfilet (ca. 200 g)
- 1 Scheibe Seehecht am Knochen (ca. 200 g)
- 1 Ei
- Dill
- Salz und Pfeffer nach Geschmack

1 Portion (ca. 545 g): 345 kcal, 39,6 g Eiweiß (45,9 E%), 15,7 g Fett (41,3 E%), 11 g Kohlenhydrate (12,8 E%)

01 Den Knoblauch schälen und pressen. Die halbierte und entkernte Chilischote in feine Streifen schneiden. Die Möhre schälen und in dünne Scheiben schneiden. Kohlrabi schälen und fein würfeln.

02 Olivenöl in einem weiten Topf erhitzen. Knoblauch, Chilischotenstreifen sowie das Gemüse dazugeben und alles kurz andünsten.

03 Den Fischfond und die gehackten Tomaten zufügen. Die Safranfäden ebenfalls zur Suppe geben.

04 Die Lachsscheibe und das Zanderfilet kurz unter kaltem Wasser abspülen, trocken tupfen und am Stück in den Fond geben. Ungefähr 10–15 Minuten köcheln lassen. Den Seehecht ebenfalls kurz kalt abspülen, trocken tupfen und zuletzt in die Suppe geben. Nochmals 5–10 Minuten weiterköcheln lassen.

05 Die Fischstücke kurz vor dem Servieren herausnehmen, Knochen und Gräten entfernen, das Fischfleisch in mundgerechte Stücke schneiden und wieder in die Suppe legen.

06 Zum Binden der Suppe das Ei in einer kleinen Schüssel aufschlagen und verquirlen. Löffelweise unter ständigem Rühren etwas von der heißen Suppe zum Ei geben. Das geschlagene Ei soll an die Temperatur der Suppe angepasst werden, aber nicht gerinnen. Am Schluss das Ei unter ständigem Rühren vorsichtig in die Suppe gießen. Nicht mehr kochen lassen.

07 Mit frischem Dill servieren.

TIPP: **Verwenden Sie in der Saison frische, aromatische Tomaten. Diese kurz heiß überbrühen, Schale abziehen, entkernen und würfeln. Nehmen Sie statt der Chilischote eine halbe Bio-Zitrone und köcheln diese einige Minuten mit, dafür den Safran weglassen.**

Gazpacho (kalte spanische Gemüsesuppe)

Für 2 Personen
Zubereitungszeit: 20 Minuten
Kühlzeit: 2 Stunden

- 1 Freilandgurke
- 2 reife Fleischtomaten
- 1 grüne Paprikaschote
- 1 Frühlingszwiebel
- ½ Bund glatte Petersilie
- ½–1 Chilischote
- 100 ml Tomatensaft
- 50–100 ml kalte Gemüsebrühe
- 1 EL Balsamicoessig (Aceto balsamico)
- 2 EL Olivenöl
- Saft von ½ Zitrone
- Meersalz und Pfeffer nach Geschmack

Suppeneinlagen:

- 1 Ei (hart gekocht und gehackt)
- 2 reife kleine Tomaten, in kleine Würfel geschnitten
- je ½ Bund glatte Petersilie, Basilikum, Schnittlauch (gehackt)
- 10 Mandeln (grob gehackt)
- 100 g Naturjoghurt (3,5 % Fett)
- 1 Frühlingszwiebel

1 Portion (ca. 680 g): 295 kcal, 11,3 g Eiweiß (15,9 E%), 19,3 g Fett (60,1 E%), 17,1 g Kohlenhydrate (24 E%)

01 Die Gurke schälen, längs halbieren, die Kerne entfernen und das Fruchtfleisch in kleine Würfel schneiden.

02 Die Tomaten kreuzweise einschneiden, kurz in kochendes Wasser halten und die Haut abziehen. Dann die Tomaten halbieren, die Kerne mit einem Löffel entfernen und das Tomatenfleisch ebenfalls in kleine Würfel schneiden.

03 Die Paprikaschote halbieren, nach dem Entfernen der Kerne und der weißen Haut waschen und anschließend fein würfeln. Die Frühlingszwiebel putzen, waschen und grob zerkleinern. Die Petersilie waschen, kurz trocken schütteln und grob zerkleinern. Die Chilischote halbieren, entkernen und in feine Streifen schneiden (je nach gewünschter Schärfe eine halbe oder eine ganze Chilischote verwenden).

04 Die Chilischote zusammen mit der Petersilie und der Frühlingszwiebel in ein hohes Standgefäß geben, Tomatensaft dazugießen und alles mit dem Pürierstab pürieren. Je nach gewünschter Konsistenz die kalte Gemüsebrühe hinzugeben.

05 Mit Essig, Öl, Zitronensaft, Salz und Pfeffer abschmecken. Etwa 2 Stunden kühl stellen. Zum Anrichten die Suppe in Glasschälchen gießen.

06 Die vorbereiteten Beilagen in jeweils separaten Schälchen servieren; so kann sich jeder seine Suppe nach seinem eigenen Geschmack gestalten.

TIPP: Für eine fruchtige Note geben Sie anstelle des Balsamicoessigs die gleiche Menge an Himbeeressig in die Suppe und nehmen einige frische Himbeeren als Einlage.

Kühle Karotten-Zitronen-Suppe

Für 2 Personen
Zubereitungszeit: 20 Minuten

- 2 Knoblauchzehen
- ½ Chilischote
- 4 große Karotten
- 2 EL Rapsöl
- 300 ml Gemüsebrühe
- 180 g Naturjoghurt (3,5 % Fett)
- Schalenabrieb und Saft von ½ Bio-Zitrone
- je ein ½ Bund Schnittlauch und Petersilie
- 50 g Haselnüsse
- Salz und Pfeffer (evtl. Zitronenpfeffer) nach Geschmack

1 Portion (ca. 460 g): 390 kcal, 9,5 g Eiweiß (9,9 E%), 30,4 g Fett (70 E%), 19,4 g Kohlenhydrate (20,1 E%)

01 Die Knoblauchzehen schälen und pressen. Die entkernte Chilischote in feine Streifen schneiden. Die Karotten schälen und in dünne Scheiben schneiden.

02 Rapsöl in einem weiten Topf erhitzen. Den Knoblauch und die Chilischote kurz andünsten. Die Karottenscheiben zufügen und alles zusammen kurz weiterdünsten.

03 Mit der Gemüsebrühe ablöschen und 15 Minuten bei mittlerer Hitze köcheln.

04 Die Suppe im Standmixer oder mit dem Pürierstab gut durchmixen. Anschließend einige Stunden kühl stellen.

05 Den Joghurt mit der Zitronenschale und dem Zitronensaft mischen, zur Suppe geben, alles gut verrühren und mit Salz und Pfeffer abschmecken.

06 Schnittlauch und Petersilie waschen, trocken schütteln, den Schnittlauch in feine Röllchen schneiden und die Petersilie fein hacken.

07 Die Haselnüsse grob zerkleinern und kurz in einer beschichteten Pfanne anrösten. Anschließend zusammen mit den gehackten Kräutern über die Suppe streuen.

TIPP: In kleine Gläser gefüllt, eignet sich diese kühle Suppe gut als Vorspeise für ein Sommerbüfett. Die Suppe schmeckt aber auch warm sehr gut. Rühren Sie in diesem Fall den Joghurt mit der Zitrone in die leicht abgekühlte Suppe ein. Als Einlage mit Biss eignen sich violette und gelbe Möhren, die in kleine Dreiecke geschnitten sind.

Paprikaschotensuppe mit Fetakäse

Für 2 Personen
Zubereitungszeit: 20 Minuten

- 1 Knoblauchzehe
- 1 Zwiebel
- 2 gelbe Paprikaschoten
- 2 EL Olivenöl
- 450 ml Gemüsebrühe
- 100 g Fetakäse
- 50 ml Sahne
- 40 g getrocknete Tomaten
- Salz und Pfeffer nach Geschmack

1 Portion (ca. 460 g): 430 kcal, 12,1 g Eiweiß (11,2 E%), 35,1 g Fett (74,1 E%), 15,7 g Kohlenhydrate (14,6 E%)

01 Die Knoblauchzehe schälen und pressen. Die Zwiebel ebenfalls schälen und fein würfeln.

02 Paprikaschoten vierteln, Strunk und Kerne entfernen, die weiße Haut herausschneiden und die Paprikaviertel waschen. Anschließend in kleine Würfel schneiden.

03 Olivenöl in einem weiten Topf erhitzen. Knoblauch, Zwiebel und Paprikawürfel einige Minuten anschwitzen. Mit der Gemüsebrühe ablöschen.

04 Die Hälfte des Fetakäses in grobe Würfel schneiden und in die Suppe geben. Die Sahne dazugießen. Ungefähr 15 Minuten köcheln lassen.

05 Im Standmixer oder mit dem Pürierstab gut pürieren.

06 Die Suppe in flache Schälchen gießen.

07 Den übrigen Fetakäse fein zerkrümeln. Die getrockneten Tomaten in feine Streifen schneiden. Beides zusammen vor dem Servieren über die Suppe streuen.

Kühle Tomaten-Avocado-Suppe mit Garnelenspieß

Für 2 Personen
Zubereitungszeit: 25 Minuten
Kühlzeit: 1 Stunde

- 2 Fleischtomaten
- 1 Knoblauchzehe
- Saft von ½ Zitrone
- 100 ml Gemüsebrühe
- 1 reife Avocado
- 150 ml griechischer Joghurt (ungezuckert)
- einige Basilikumblätter
- 1 EL Olivenöl
- 10 gekochte, küchenfertige Garnelen (ca. 200 g)
- ½ Freilandgurke
- Salz und Pfeffer nach Geschmack

1 Portion (ca. 585 g): 438 kcal, 29,2 g Eiweiß (27,2 E%), 28,9 g Fett (59,4 E%), 14,5 g Kohlenhydrate (13,4 E%)

01 Die Fleischtomaten über Kreuz einschneiden und kurz in kochendes Wasser halten. Die Haut abziehen, die Tomaten halbieren, entkernen und das Fleisch in kleine Würfel schneiden. Die Knoblauchzehe schälen und grob zerkleinern.

02 Die Hälfte des Zitronensafts in eine kleine Schüssel geben.

03 Den Rest zusammen mit den Tomatenwürfeln, dem Knoblauch und der Gemüsebrühe in ein hohes Gefäß gießen und kurz mit dem Pürierstab durchmixen.

04 Die Avocado halbieren, den Kern entfernen und die Frucht von der Schale befreien. Die eine Hälfte des Avocadofleisches fein würfeln und zum Zitronensaft geben.

05 Die andere Hälfte zur Tomatensuppe in das Mixgefäß geben, den Joghurt zufügen und alle Zutaten nochmals kurz durchmixen. Mit Salz und Pfeffer abschmecken. Etwa 1 Stunde kühl stellen.

06 Die Basilikumblätter fein hacken und mit dem Olivenöl vermengen. Zu der Zitronen-Avocado-Mischung geben und alles gut miteinander verrühren.

07 Die Garnelen kurz in einer beschichteten Pfanne anbraten. Die Gurke waschen, grob schälen und in etwa 1 cm dicke Ringe schneiden. Abwechselnd mit den Garnelen auf Holzspießchen stecken.

08 Zum Servieren die Suppe in kleine Schüsseln gießen. Die Basilikum-Avocado-Mischung daraufgeben und die Garnelenspieße anlegen.

Erdnusssuppe mit Putenstückchen

Für 2 Personen
Zubereitungszeit: 30 Minuten

- 1 Zwiebel
- 1 Knoblauchzehe
- 1 daumengroßes Stück Ingwer
- 1 EL Erdnuss- oder Rapsöl
- 500 ml Gemüsebrühe (alternativ Hühnerbrühe)
- 300 g Blumenkohl
- 250 g Brokkoli
- 200 g Putenbrustfleisch
- 1 EL Tomatenmark
- 2 Tomaten
- 30 g Erdnussbutter
- ½ TL Chilipulver
- 20 g ungesalzene Erdnüsse (ohne Schale)
- Salz und Pfeffer nach Geschmack

1 Portion (ca. 615 g): 420 kcal, 38 g Eiweiß (36,2 E%), 24,2 g Fett (52,4 E%), 11,9 g Kohlenhydrate (11,4 E%)

01 Zwiebel schälen und fein würfeln. Den Knoblauch ebenfalls schälen und pressen. Den Ingwer fein reiben.

02 Das Öl in einem weiten Topf erhitzen. Zwiebel, Knoblauch und geriebenen Ingwer kurz darin andünsten. Mit der Brühe ablöschen.

03 Das Gemüse putzen, waschen und in kleine Röschen zerteilen. Das Putenfleisch in ca. 1 cm große Würfel schneiden. Gemüse und Fleisch in die Brühe geben. Das Tomatenmark unterrühren und alles etwa 25 Minuten köcheln lassen.

04 Die Tomaten über Kreuz einschneiden, kurz in kochendes Wasser tauchen und die Schale abziehen. Die abgezogenen Tomaten halbieren, entkernen und das Fleisch in Würfel schneiden.

05 Etwa 200 ml Gemüsebrühe abnehmen. Die Tomatenstücke und die Erdnussbutter gut damit verrühren, die Mischung anschließend wieder zur Suppe in den Topf geben und alles zusammen nochmals 5 Minuten köcheln lassen.

06 Mit Chilipulver, Salz und Pfeffer abschmecken.

07 Die Erdnüsse grob hacken und in einer beschichteten Pfanne kurz anrösten. Zum Anrichten über die Suppe streuen.

Fruchtige Dickmilchkaltschale

Für 2 Personen
Zubereitungszeit: 10 Minuten

- 400 ml Dickmilch (natur, 3,5 % Fett)
- 150 ml Sahne
- Saft von ½ Zitrone
- 10 g Honig
- 250 g vollreife Himbeeren
- 2 Pfefferminzblättchen

1 Portion (ca. 395 g): 410 kcal, 10 g Eiweiß (10,1 E%), 31,2 g Fett (70 E%), 19,6 g Kohlenhydrate (19,9 E%)

01 Die Dickmilch mit 100 ml Sahne, dem Zitronensaft und dem Honig im Standmixer oder mit einem Handrührgerät schaumig mixen.

02 Anschließend die restlichen 50 ml Sahne steif schlagen.

03 Die Kaltschale zum Servieren in flache Schälchen gießen. Mit den Himbeeren, einem Tupfer Schlagsahne und den Pfefferminzblättchen dekorieren.

TIPP: Diese Kaltschale ist ein Universalrezept für ein erfrischendes Sommergericht oder -dessert. Greifen Sie ruhig tief in die Obstkiste: Beeren, Melonen, Pfirsiche, weiche Birnen eignen sich ebenfalls hervorragend. Kiwi, Ananas und Papaya sind dagegen nicht geeignet. Sie enthalten ein Enzym, das Milchprodukte schnell bitter macht.

WEITERE VARIATIONSMÖGLICHKEITEN: Geben Sie einige Fruchtstücke vor dem Pürieren zur Dickmilch und mixen Sie diese mit. Mischen Sie 1 TL Hagebutten- oder Sanddornmark in die Kaltschale. Anstelle von Dickmilch eignet sich auch Buttermilch.

Kürbissuppe mit Lachs

Für 2 Personen
Zubereitungszeit: 30 Minuten

- 400 g Kürbisfleisch (z. B. Hokkaido- oder Muskatkürbis)
- 1 Zwiebel
- 2 EL Rapsöl
- 1–2 TL Currypulver
- 400 ml Gemüsebrühe
- 150 ml Sahne
- 1 Lachsfilet (ca. 200 g)

1 Portion (ca. 615 g): 595 kcal, 25,1 g Eiweiß (17 E%), 49,1 g Fett (73,3 E%), 13,7 g Kohlenhydrate (9,3 E%)

01 Das Kürbisfleisch in kleine Würfel schneiden. Die Zwiebel schälen und würfeln.

02 Rapsöl in einer großen Pfanne erhitzen. Kürbisfleischwürfel, Zwiebelwürfel und Currypulver hineingeben. Einige Minuten rührbraten. Gemüsebrühe und Sahne dazugeben. Die Pfanne mit einem Deckel verschließen und die Suppe bei kleiner Hitze ca. 20 Minuten köcheln lassen.

03 Im Standmixer oder mit einem Pürierstab gut durchpürieren und zurück in die Pfanne gießen.

04 Den Lachs in kleine Stücke schneiden, in die Suppe geben, alles nochmals kurz aufkochen und anschließend 10–15 Minuten durchziehen lassen.

TIPP: Statt Curry 1 Prise Safran als Gewürz verwenden. Übrigens: Der typische Currygeschmack entfaltet sich besonders gut in Verbindung mit Fett!

Pfifferlingsuppe

Für 2 Personen
Zubereitungszeit: 25 Minuten

- 1 Zwiebel
- 1 Knoblauchzehe
- 1 TL Butter
- 1 EL Rapsöl
- 150 g Kohlrabi
- 200 g Pfifferlinge
- 400 ml Gemüsebrühe
- Schalenabrieb und Saft von ½ Bio-Zitrone
- 2 Thymianzweige
- 100 ml Sahne
- geriebene Muskatnuss (max. 1 Prise)
- Salz und Pfeffer nach Geschmack

1 Portion (ca. 450 g): 290 kcal, 5,4 g Eiweiß (7,4 E%), 27,2 g Fett (83,6 E%), 6,5 g Kohlenhydrate (9 E%)

01 Die Zwiebel schälen und würfeln. Den Knoblauch ebenfalls schälen und pressen.

02 Butter und Rapsöl in einer weiten Pfanne erhitzen. Die gewürfelte Zwiebel und die gepresste Knoblauchzehe kurz darin andünsten.

03 Den Kohlrabi schälen und in Würfel schneiden. Die Pfifferlinge putzen und zusammen mit dem Kohlrabi dazugeben und unter ständigem Rühren anschwitzen. Gemüsebrühe angießen.

04 Zitronenschalenabrieb und Zitronensaft unterrühren.

05 Die Thymianblättchen von den Zweigen streifen und in die köchelnde Suppe geben. Circa 20 Minuten weiterköcheln lassen. Die Sahne dazugießen. Im Standmixer oder mit dem Pürierstab gut pürieren.

06 Mit Salz, Pfeffer und geriebener Muskatnuss abschmecken. Einige Thymianblättchen darüberstreuen.

Linsen-Lauch-Eintopf mit Curry

Für 2 Personen
Zubereitungszeit: 20 Minuten

- 100 g rote Linsen
- 300 ml Gemüsebrühe
- 1–2 TL Currypulver
- 2 Stangen Lauch
- 100 ml Crème fraîche
- 20 g Pinienkerne
- Salz und Pfeffer nach Geschmack

1 Portion (ca. 425 g): 420 kcal, 19 g Eiweiß (18,2 E%), 22,5 g Fett (48,9E%), 34,4 g Kohlenhydrate (32,9 E%)

01 Die Linsen kurz unter kaltem Wasser abspülen. In der Gemüsebrühe aufkochen, Currypulver dazugeben. Etwa 5 Minuten köcheln lassen.

02 Den Lauch putzen, waschen und in feine Ringe schneiden. Zu den Linsen geben und den Eintopf je nach gewünschter Bissfestigkeit weitere 5–10 Minuten köcheln lassen. Mit Salz und Pfeffer abschmecken. Crème fraîche unterrühren.

03 Die Pinienkerne kurz in einer beschichteten Pfanne rösten und zum Servieren über den Eintopf streuen.

TIPP: Anstelle von Crème fraîche können Sie auch die gleiche Menge Kokosmilch verwenden. Das gibt dem Eintopf eine exotische Geschmacksnote.

Stangenselleriesuppe mit Morcheln und Trüffelbutter

Für 2 Personen
Zubereitungszeit: 25 Minuten

- 10 g getrocknete Morcheln
- 150 ml warmes Wasser
- 1 Schalotte
- 1 Knoblauch
- 500 g Stangensellerie
- 1 EL Rapsöl
- 400 ml Gemüsebrühe
- 50 ml Sahne
- 20 g Trüffelbutter
- 1 Ei
- Salz und Pfeffer nach Geschmack

1 Portion (ca. 550 g): 320 kcal, 9,1 g Eiweiß (11,6 E%), 28,2 g Fett (79,7 E%), 6,8 g Kohlenhydrate (8,7 E%)

01 Die Morcheln einige Minuten im warmen Wasser einweichen.

02 Die Schalotte und den Knoblauch schälen. Die Schalotte anschließend würfeln und den Knoblauch pressen. Den Stangensellerie küchenfertig vorbereiten und ohne das Kraut in Scheiben zuschneiden. Etwas von dem Kraut für die spätere Garnitur zurücklegen.

03 Das Rapsöl in einem Topf erhitzen. Schalotte und Knoblauch darin glasig dünsten. Die Stangenselleriescheiben dazugeben und alles ein paar Minuten weiterdünsten.

04 Circa 100 ml Morchelwasser durch ein feines Sieb abgießen. Das Gemüse mit der Gemüsebrühe, dem Morchelwasser und der Sahne ablöschen. Alles etwa 15–20 Minuten leicht köcheln lassen.

05 Im Standmixer oder mit dem Pürierstab einige Minuten sehr fein pürieren. Wieder zurück in den Topf gießen.

06 Die Trüffelbutter unterziehen, bis sie geschmolzen ist.

07 Die Morcheln aus dem verbliebenen Wasser nehmen, kurz abspülen, grob schneiden und zur Suppe geben.

08 Das Ei in einer kleinen Schüssel aufschlagen, einige Löffel von der Suppe dazugeben und gut umrühren. Das Ganze zurück in die Suppe gießen.

09 Diese sollte nicht mehr kochen, da das Ei die Suppe sonst nicht mehr bindet, sondern gerinnt. Mit Salz und Pfeffer abschmecken.

10 Das zurückgelegte Stangenselleriekraut grob hacken und über die angerichtete Suppe streuen.

Kürbis-Spinat-Eintopf mit Ziegenkäse

Für 2 Personen
Zubereitungszeit: 25 Minuten

- 1 Knoblauchzehe
- 1 große Gemüsezwiebel
- 300 g Kürbisfleisch
- 2 EL Olivenöl
- ½ TL Paprikapulver (edelsüß)
- 200 ml Gemüsebrühe
- 300 g frischer Blattspinat
- 100 g Ziegenkäse in Salzlake
- 20 g Pinienkerne
- Salz und Pfeffer nach Geschmack

1 Portion (ca. 525 g): 400 kcal, 18,7 g Eiweiß (19 E%), 30,3 g Fett (68 E%), 12,8 g Kohlenhydrate (13 E%)

01 Die Knoblauchzehe schälen und pressen. Die Gemüsezwiebel schälen und grob würfeln. Das Kürbisfleisch ebenfalls in grobe Würfel schneiden.

02 Olivenöl in einem weiten Topf erhitzen. Die durchgepresste Knoblauchzehe kurz darin andünsten. Die Gemüsezwiebel und das Kürbisfleisch dazugeben, mit Paprikapulver würzen und einige Minuten bei starker Hitze weiterrühren.

03 Die Gemüsebrühe dazugießen und das Ganze ca. 15 Minuten leicht köcheln lassen. Gelegentlich umrühren.

04 Den Blattspinat kalt abspülen und kurz abtropfen lassen. Die Stiele entfernen und die Spinatblätter auf die Kürbiswürfel legen. Anschließend den Deckel auf den Topf legen und das Ganze einige Minuten ziehen lassen, bis der Spinat zusammengefallen ist.

05 Den Ziegenkäse in ca. 1 cm große Würfel schneiden und ebenfalls in den Topf auf den Spinat legen. Nochmals kurz durchwärmen. Mit Salz und Pfeffer abschmecken.

06 Die Pinienkerne in einer beschichteten Pfanne rösten. Zum Servieren die Suppe in Tellern anrichten und mit den gerösteten Pinienkernen garnieren.

TIPPS:

01 Anstelle von Ziegenkäse können Sie auch Speckwürfelchen verwenden.

02 Wenn Sie statt frischem Spinat TK-Blattspinat (ungewürzt) nehmen, tauen Sie diesen zuvor kurz an.

Blumenkohlsuppe mit Gorgonzola und Birnen

Für 2 Personen
Zubereitungszeit: 25 Minuten

- 1 Knoblauchzehe
- ½ Zwiebel
- 500 g Blumenkohl
- 1 EL Rapsöl
- 400 ml Gemüsebrühe
- 50 g Gorgonzola
- 50 g Mascarpone
- 1 reife Birne
- 5 halbe Walnusskerne

1 Portion (ca. 475 g): 370 kcal, 11,3 g Eiweiß (12,3 E%), 30,7 g Fett (73,4 E%), 13,3 g Kohlenhydrate (14,3 E%)

01 Die Knoblauchzehe schälen und pressen. Die halbe Zwiebel ebenfalls von der Schale befreien und in Würfel schneiden. Den Blumenkohl vom Strunk befreien und den Rest in Röschen zerteilen und waschen.

02 Das Rapsöl in einem Topf erhitzen. Die Knoblauchzehe und die Zwiebelwürfel darin glasig dünsten. Mit der Gemüsebrühe ablöschen. Die Blumenkohlröschen dazugeben und in der Suppe etwa 10 Minuten garen.

03 Den Gorgonzola würfeln und mit der Mascarpone zufügen, und das Ganze weitere 5 Minuten köcheln lassen.

04 Im Standmixer oder mit dem Pürierstab fein pürieren.

05 Die Birne schälen, das Kerngehäuse entfernen und das Fruchtfleisch in kleine Stücke schneiden. Die Walnusskerne grob hacken. Beides in einer beschichteten Pfanne einige Minuten anrösten.

06 Die Suppe in flache Schälchen oder Suppenteller gießen. Die Birnenstücke und Walnusskerne darüberstreuen.

TIPP: Diese etwas dickflüssigere Suppe eignet sich bestens für eine warme gehaltvolle Mahlzeit. Wenn Sie die Suppe gerne etwas dünnflüssiger haben möchten, geben Sie – je nach gewünschter Konsistenz – etwas mehr Gemüsebrühe dazu.

Blitzschnelle Tomatensuppe

Für 2 Personen
Zubereitungszeit: 15 Minuten

- 1 Zwiebel
- 1 Knoblauchzehe
- 1 EL Olivenöl
- 400 g gewürfelte Tomaten (Dose, inkl. Saft)
- 1 EL Tomatenmarkkonzentrat
- 100–200 ml Gemüsebrühe
- italienische Kräutermischung
- 50 ml geschlagene Sahne
- einige Basilikumblättchen
- Salz und Pfeffer nach Geschmack

1 Portion (ca. 330 g): 170 kcal, 2,5 g Eiweiß (6 E%), 14,7 g Fett (78,8 E%), 6,3 g Kohlenhydrate (15,2 E%)

01 Die Zwiebel schälen und fein würfeln. Knoblauchzehe schälen und pressen.

02 Das Olivenöl in einem weiten Topf erhitzen. Zwiebelwürfel und Knoblauch darin andünsten.

03 Anschließend die Tomaten und das Tomatenmark in den Topf geben. Mit der Gemüsebrühe aufgießen (Menge je nach gewünschter Konsistenz).

04 Das Ganze einige Minuten köcheln lassen.

05 Mit der italienischen Kräutermischung sowie Salz und Pfeffer abschmecken.

06 Mit einem Sahnehäubchen servieren. Einige Basilikumblättchen darüberstreuen.

TIPP: Diese Suppe eignet sich hervorragend als warme Vorspeise. Mit einer Einlage aus Zucchinischeiben oder Paprikastreifen (diese kurz in 1 EL Olivenöl scharf anbraten) sowie 100 g kleiner Mozzarellakugeln, welche kurz vor dem Servieren in die Suppe gelegt werden, wird eine Hauptmahlzeit daraus.

Hackfleisch-Gemüse-Eintopf

Für 2 Personen
Zubereitungszeit: 30 Minuten

- 1 Stange Lauch
- 2 Frühlingszwiebeln
- 1 Karotte
- 1 rote Paprikaschote
- 1 gelbe Paprikaschote
- 200 g Champignons
- 1 EL Rapsöl
- 250 g Rinderhackfleisch
- 1–2 TL Paprikapulver
- 200 ml Rinderbrühe
- 100 ml Crème fraîche
- Schalenabrieb von ½ Bio-Zitrone
- Salz und Pfeffer nach Geschmack

1 Portion (ca. 565 g): 650 kcal, 41,6 g Eiweiß (25,7 E%), 44,4 g Fett (62,2 E%), 19,7 g Kohlenhydrate (12,1 E%)

01 Lauch und Frühlingszwiebeln waschen, putzen und in dünne Ringe schneiden. Karotte schälen. Paprikaschoten halbieren, entkernen und waschen. Beides auf einer groben Küchenraspel reiben. Champignons putzen und in dünne Scheiben schneiden.

02 Das Öl in einem großen Topf erhitzen. Hackfleisch und Frühlingszwiebeln darin anbraten. Nach ein paar Minuten das übrige Gemüse zufügen. Mit Paprikapulver würzen. Unter ständigem Rühren weiterbraten. Anschließend die Rinderbrühe angießen und so lange köcheln lassen, bis das Gemüse gar ist.

03 Crème fraîche dazugeben. Den Topf mit einem Deckel schließen. Bei ausgeschalteter Herdplatte den Eintopf noch einige Minuten durchziehen lassen.

04 Mit Salz und Pfeffer abschmecken.

05 Zum Anrichten mit Zitronenabrieb garnieren.

Artischocken-Zucchini-Suppe

Für 2 Personen
Zubereitungszeit: 20 Minuten

- 6 kleinere Artischockenherzen (Dose)
- 1 kleine Zwiebel
- 1 Knoblauchzehe
- 1 gelbe Zucchini (ca. 200 g)
- 1 EL Butterschmalz
- 400 ml Gemüsebrühe
- 100 ml Sahne
- Schalenabrieb und Saft von ½ Bio-Zitrone
- ¼ Bund glatte Petersilie
- Salz und Pfeffer nach Geschmack

1 Portion (ca. 370 g): 265 kcal, 4,8 g Eiweiß (7,4 E%), 24 g Fett (81,4 E%), 7,3 g Kohlenhydrate (11,2 E%)

01 Die Artischockenherzen abtropfen lassen und in kleine Würfelchen schneiden. Etwa ein Drittel der Würfel beiseitelegen.

02 Die Zwiebel schälen und würfeln. Die Knoblauchzehe ebenfalls schälen und pressen. Die küchenfertig vorbereitete Zucchini in dünne Scheiben schneiden.

03 Das Butterschmalz in einem weiten Topf erhitzen. Die Zwiebelwürfel und den Knoblauch kurz darin andünsten. Mit Gemüsebrühe und Sahne ablöschen. Artischockenwürfel und Zucchinischeiben zugeben und ca. 10–15 Minuten in der Flüssigkeit köcheln lassen.

04 Mit Salz, Pfeffer und Zitronensaft abschmecken. Jetzt nicht mehr aufkochen. Die Suppe kurz im Standmixer oder mit dem Pürierstab pürieren. Die beiseitegelegten Artischockenwürfelchen in die fertige Suppe geben.

05 Zum Anrichten Petersilie und Zitronenabrieb darüberstreuen.

Sauerkrautsuppe

Für 2 Personen
Zubereitungszeit: 20 Minuten

- 1 Zwiebel
- 1 EL Rapsöl
- 400 ml Gemüsebrühe (alternativ Hühnerbrühe)
- 300 g gekochtes Sauerkraut
- 50 ml trockener Schaumwein (z. B. Prosecco)
- 1 Msp. Cayennepfeffer
- 50 g roher Schinken
- ¼ Bund glatte Petersilie
- Salz und Pfeffer nach Geschmack

1 Portion (ca. 430 g): 209 kcal, 9,4 g Eiweiß (19 E%), 14,6 g Fett (65,3 E%), 4,3 g Kohlenhydrate (8,6 E%) 2,1 g Alkohol (7,1 E%)

01 Die Zwiebel schälen und würfeln.

02 Das Rapsöl in einem weiten Topf erhitzen. Zwiebelwürfel kurz andünsten. Mit der Gemüsebrühe ablöschen. Sauerkraut, Schaumwein und Cayennepfeffer hinzufügen. Das Ganze ungefähr 10–15 Minuten köcheln lassen.

03 Im Standmixer oder mit dem Pürierstab einige Minuten gut durchpürieren.

04 Mit Salz und Pfeffer abschmecken.

05 Petersilie waschen und gut ausschütteln, Schinken in Streifen schneiden.

06 In Schälchen gießen. Mit Schinken und glatter Petersilie bestreuen.

TIPPS:

01 Essen Kinder mit, ersetzen Sie den Prosecco durch die gleiche Menge an Brühe und geben für die Säurenote einen Spritzer weißen Balsamicoessig hinzu.

02 Anstelle von rohem Schinken eignen sich auch kurz angebratene Speckwürfelchen.

Chili con Carne

Für 2 Personen
Vorbereitungszeit: 15 Minuten
Kochzeit: 1 Stunde

- 1 große Zwiebel
- 1 Knoblauchzehe
- ½–1 Chilischote
- 1 EL Rapsöl
- 400 g Hackfleisch vom Rind
- ½ TL Salz
- 1 EL Tomatenmarkkonzentrat
- ½ TL Cayennepfeffer
- 1 TL mildes Paprikapulver
- 150 ml Rotwein
- 200 ml Rinderbrühe
- 100 g rote Kidneybohnen (Dose, abgetropft)
- 2 große Fleischtomaten
- Abrieb und Saft von ½ Bio-Limette
- 1 Bund Koriander oder glatte Petersilie
- Salz und Pfeffer nach Geschmack

1 Portion (ca. 625 g): 665 kcal, 54,1 g Eiweiß (35,4 E%), 35,9 g Fett (53,4 E%), 17,1 g Kohlenhydrate (11,2 E%)

01 Die Zwiebel schälen und in feine Würfel schneiden. Die Knoblauchzehe schälen und pressen. Die Chilischote halbieren, entkernen und in feine Streifen schneiden. Je nach gewünschter Schärfe eine halbe oder eine ganze Chilischote verwenden.

02 Rapsöl in einem weiten, schweren Topf erhitzen. Das Hackfleisch portionsweise scharf anbraten, herausnehmen und salzen.

03 Die Hitze reduzieren. Im gleichen Topf die Zwiebel, den Knoblauch, die Chilischoten, das Tomatenmarkkonzentrat sowie den Cayennepfeffer und das Paprikapulver andünsten.

04 Mit Rotwein und Rinderbrühe ablöschen. Die Kidneybohnen abtropfen lassen und zusammen mit dem Fleisch dazugeben. Das Ganze etwa 45 Minuten bei kleiner Hitze köcheln lassen.

05 Die Fleischtomaten waschen, den Strunk herausschneiden, die Tomaten anschließend in grobe Würfel schneiden und die letzten 10 Minuten mitköcheln lassen.

06 Den Eintopf mit Salz, Pfeffer und Limettensaft abschmecken.

07 Zum Anrichten Limettenschale und grob gehackten Koriander oder Petersilie darüberstreuen.

TIPP: **Essen Kinder mit, den Rotwein durch Rinderbrühe ersetzen. Dann eventuell auch die Chilischote weglassen.**

Senf-Lauch-Suppe mit Kasseler

Für 2 Personen
Zubereitungsdauer: 30 Minuten

- 1 kleine Zwiebel
- 2 Lauchstangen
- 1 EL Butterschmalz
- 400 ml Gemüsebrühe
- ½ EL scharfer Senf
- 100 ml Sahne
- 1 EL grobkörniger Senf
- 1 dicke Scheibe gekochtes Kasseler (ca. 150 g)
- etwas frischer Schnittlauch und Estragon
- Salz und Pfeffer nach Geschmack

1 Portion (ca. 500 g): 455 kcal, 27,7 g Eiweiß (24,1 E%), 34,3 g Fett (67,7 E%), 9,4 g Kohlenhydrate (8,2 E%)

01 Die Zwiebel schälen und würfeln. Den Lauch küchenfertig vorbereiten und in feine Ringe schneiden.

02 Das Butterschmalz in einem großen Topf erhitzen. Zwiebelwürfel und Lauchringe darin andünsten. Mit der Gemüsebrühe ablöschen. Einige Minuten köcheln lassen.

03 Senf und Sahne unterrühren und weitere 10 Minuten bei kleiner Hitze weitergaren. Vorsicht: Die Hitze darf nicht zu groß werden, da der Senf sonst intensiv nach Essig schmeckt!

04 Die Suppe im Standmixer oder mit dem Pürierstab einige Minuten durchmixen. Sie sollte schön cremig sein.

05 Anschließend wieder in den Topf gießen und den grobkörnigen Senf unterrühren.

06 Das Kasseler in Würfel schneiden und ebenfalls zur Suppe geben. Kurz erwärmen, aber nicht mehr kochen lassen.

07 Schnittlauch und Estragon waschen, trocken schütteln, hacken und zum Anrichten über die Suppe streuen.

Zitronige Selleriesuppe mit Speckstreifen

Für 2 Personen
Zubereitungszeit: 30 Minuten

- 1 Zwiebel
- 400 g Knollensellerie
- 2 EL Olivenöl
- 50 ml Weißwein
- 400 ml Gemüsebrühe
- 50 ml Sahne
- Saft von ½ Zitrone
- Saft von ½ Limette
- 8 dünne Streifen durchwachsener Speck
- ½ Bund Schnittlauch
- Salz und Pfeffer nach Geschmack

1 Portion (ca. 475 g): 400 kcal, 6 g Eiweiß (6,2 E%), 35,4 g Fett (80,4 E%), 9,5 g Kohlenhydrate (9,7 E%), 2,2 g Alkohol (3,7 E%)

01 Zwiebel schälen und in Würfel schneiden. Knollensellerie putzen und ebenfalls würfeln.

02 Das Olivenöl in einem Topf erhitzen. Die Zwiebel- und Selleriewürfel kurz darin andünsten. Mit Weißwein ablöschen. Alles bei starker Hitze ein paar Minuten einkochen.

03 Dann Gemüsebrühe und Sahne dazugießen und das Gemüse in der Flüssigkeit etwa 20 Minuten gar kochen. Im Standmixer oder mit dem Pürierstab pürieren.

04 Mit Zitronen- und Limettensaft sowie Salz und Pfeffer abschmecken.

05 Die Speckstreifen in einer beschichteten Pfanne von beiden Seiten knusprig anbraten. Anschließend auf Küchenkrepp abtropfen lassen und in mundgerechte Stücke schneiden.

06 Den Schnittlauch waschen und in Röllchen schneiden.

07 Zusammen mit dem Speck kurz vor dem Servieren über die Suppe geben.

TIPP: Essen Kinder mit, den Weißwein weglassen und durch die entsprechende Menge Gemüsebrühe ersetzen. Für die milde Säurenote können Sie zusätzlich einen Spritzer weißen Balsamicoessig zugeben.

Minestrone »Nonna Ines«

Für ca. 4 Portionen
Zubereitungszeit: 60 Minuten

- 3 Möhren
- 1 Knollensellerie (ca. 600 g)
- 1 Wirsing (ca. 700 g)
- 4 EL Olivenöl
- 200 g Kidneybohnen aus der Dose (Abtropfgewicht, alternativ Borlotti-bohnen aus der Dose)
- 2 EL Tomatenkonzentrat
- ½ Briefchen gemahlener Safran
- 1 Kräutersträußchen aus frischem Oregano, Thymian, Salbei, Rosmarin (wahlweise italienische Kräutermischung)
- 50 g frischer Parmesan
- Salz und Pfeffer nach Geschmack

1 Portion (ca.385 g): 280 kcal, 4,7 g Eiweiß (14,6 E%), 0,3 g Fett (15,1 E%), 7,8 g Kohlenhydrate (18,9 E%)

01 Das Gemüse waschen, putzen und in kleine Würfel von ca. 1–2 cm schneiden.

02 Das Olivenöl in einer großen Pfanne erhitzen. Das Gemüse kurz anbraten. Mit ca. 2,5 l Wasser aufgießen.

03 Bohnen auf einem Sieb abschütten und in den Topf geben.

04 Anschließend das Tomatenkonzentrat und den Safran hinzufügen. Das Kräutersträußchen hineinlegen und die Minestrone ca. 45 Minuten leicht köcheln lassen. Das Kräutersträußchen vor dem Servieren herausnehmen.

05 Den Parmesan reiben und über die angerichtete Suppe streuen.

TIPP: Diese Suppe lässt sich problemlos zwei- bis dreimal aufwärmen. Sie wird sogar mit jedem Mal besser! Als Abwechslung kann man auch kleine Hähnchenbruststücke mitkochen.

Rindsrouladeneintopf

Für 2 Personen
Zubereitungszeit: 30 Minuten

- 2 dünne Scheiben Rouladenfleisch (Rind, ca. 200 g)
- 1 TL Senf
- 4 dünne Scheiben durchwachsener Speck
- 200 g Kalbsbrät
- 1 EL Butterschmalz
- 300 ml Rinderbrühe
- 300 g Rosenkohl
- 2 Möhren
- 1 TL mildes Paprikapulver
- 1 Msp. Cayennepfeffer
- Salz und Pfeffer nach Geschmack

1 Portion (ca. 600 g): 651 kcal, 50,7 g Eiweiß (31,2 E%), 44,2 g Fett (61,6 E%), 11,7 g Kohlenhydrate (7,2 E%)

01 Die Fleischscheiben mit Senf bestreichen und jeweils die Hälfte der Brätmasse daraufstreichen. Das Fleisch einrollen, mit je 2 Speckscheiben umwickeln und mit Zahnstochern fixieren.

02 In einem Bräter oder einem schweren Topf das Butterschmalz erhitzen. Die Rouladen rundum anbraten. Anschließend mit der Rinderbrühe ablöschen.

03 Den Rosenkohl putzen und waschen, die äußeren Blätter entfernen und im Strunk über Kreuz leicht einschneiden. Die Möhren ebenfalls waschen, schälen und in ca. kleinfingerdicke Stifte schneiden. Dann das Gemüse in die Brühe geben. Das Ganze mit Paprikapulver und Cayennepfeffer würzen.

04 Den Eintopf ungefähr 30 Minuten bei mittlerer Hitze köcheln lassen. Mit Salz und Pfeffer abschmecken.

TIPPS:

01 Für eine schöne Optik aus Möhren und Paprikaschoten feine Gemüsewürfelchen schneiden und unter die Brätmasse mischen.

02 Anstelle des Kalbsbräts können Sie die gleiche Menge an Rinderhackfleisch verwenden.

Rote-Bete-Suppe mit Meerrettichschaum

Für 2 Personen
Zubereitungszeit: 20 Minuten

- 1 Zwiebel
- 2 EL Rapsöl
- 250 g Rote Bete (vorgedämpft)
- 450 ml Gemüsebrühe
- 1 daumengroßes Stück frischer Meerrettich
- 100 ml Sahne
- Salz und Pfeffer

1 Portion (ca. 435 g): 340 kcal, 3,75 g Eiweiß (4,4 E%), 30,17 g Fett (79,1 E%), 13,94 g Kohlenhydrate (16,5 E%)

01 Zwiebel schälen und würfeln.

02 Rapsöl in einer weiten Pfanne erhitzen. Zwiebeln darin kurz andünsten. Die Rote Bete in kleine Würfel schneiden, zu den Zwiebeln geben und alles zusammen noch eine Weile weiterdünsten.

03 Meerrettich fein reiben, die Hälfte zur Suppe geben. Von der Sahne ebenfalls die Hälfte dazugießen und alles zusammen ca. 15 Minuten köcheln lassen.

04 Im Standmixer oder mit dem Pürierstab gut pürieren. Mit Salz und Pfeffer abschmecken.

05 Die restliche Sahne mit dem verbliebenen Meerrettich mischen und mit einem Handrührgerät steif schlagen.

06 Die Suppe in kleinen Glasschälchen anrichten, einen Meerrettichsahneklecks oben drauf setzen.

TIPP: Diese Suppe eignet sich auch hervorragend als kalte Vorspeise. Dazu passt geräucherter Lachs. Wenn Sie keinen frischen Meerrettich bekommen, kaufen Sie fertige Meerrettichmousse. In Supermärkten und auf dem Wochenmarkt erhalten Sie vorgedämpfte Rote Bete. Falls Sie rohe Rote Bete verwenden, verlängert sich die Kochzeit durch das Vorgaren um ca. 1 Stunde.

Orangen-Linsen-Suppe mit Lebkuchengewürz

für 2 Personen
Zubereitungszeit: 25 Minuten

- ½ Zwiebel
- 1 große gelbe Karotte
- 150 g Knollensellerie
- 1 EL Rapsöl
- 400 ml Gemüsebrühe
- 1 Gewürznelke
- 1 Lorbeerblatt
- 80 g gelbe Linsen (alternativ rote Linsen)
- 1 TL Butter
- Schalenabrieb und Saft von ½ Bio-Orange
- 1 Msp. Lebkuchengewürz
- ½ Bund glatte Petersilie
- Salz und Pfeffer nach Geschmack

1 Portion (ca. 370 g): 270 kcal, 11,4 g Eiweiß (17,5 E%), 11,7 g Fett (39,5 E%), 28 g Kohlenhydrate (43 E%)

01 Die Zwiebel schälen und in Würfel schneiden. Karotte und Sellerie schälen und ebenfalls würfeln.

02 Rapsöl in einem Topf erhitzen. Die Zwiebel und die Gemüsewürfelchen kurz darin glasig dünsten. Ungefähr die Hälfte davon aus dem Topf nehmen und beiseitestellen.

03 Das restliche Gemüse mit der Gemüsebrühe ablöschen, die Gewürznelke sowie das Lorbeerblatt beifügen. Die Linsen einstreuen. Etwa 10 Minuten weichköcheln.

04 Lorbeerblatt und Gewürznelke entfernen.

05 Die Linsensuppe im Standmixer oder mit dem Pürierstab pürieren.

06 In den Topf zurückgießen und das Stück Butter in die heiße Suppe einrühren. Mit Orangensaft, Lebkuchengewürz sowie Salz und Pfeffer abschmecken. Nochmals kurz erwärmen.

07 Petersilie waschen, trocken schütteln und hacken.

08 Die Suppe mit den beiseitegelegten Gemüsewürfelchen, der gehackten Petersilie und Orangenschalenabrieb anrichten.

TIPP: Diese dickflüssige Suppe wärmt wunderbar nach einem Winterspaziergang und bringt Sie in Adventsstimmung. Für diese Suppe eignen sich alle Arten von Wurzelgemüse.

Ananassuppe mit Kokoseis

Für 2 Personen
Zubereitungszeit: 20 Minuten
Gefrierzeit: 30 Minuten in der Eismaschine, 2–3 Stunden im Tiefkühler

- ½ Ananas
- 3 Minzblättchen
- 50 ml Sahne
- 125 g Naturjoghurt (3,5 % Fett)
- 50 g Kokosraspel
- 100 ml Kokosmilch (ungezuckert)
- ½ Granatapfel

1 Portion (ca. 325 g): 460 kcal, 6,6 g Eiweiß (5,8 E%), 26,9 g Fett (70,2 E%), 27,7 g Kohlenhydrate (24 E%)

01 Die Ananashälfte der Länge nach nochmals halbieren und den inneren holzigen Teil herausschneiden. Das Fruchtfleisch von der Schale lösen und in Würfel schneiden.

02 Mit einem Pfefferminzblättchen in den Standmixer geben und gut durchpürieren.

03 Im Kühlschrank kalt stellen.

04 Die Sahne steif schlagen. Anschließend gut mit dem Naturjoghurt, den Kokosraspeln und der Kokosmilch mischen.

05 In der Eismaschine ungefähr 30 Minuten gefrieren. Ohne Eismaschine die Kokosmasse in einen gefriergeeigneten Behälter streichen und im Tiefkühler mehrere Stunden gefrieren lassen. Dabei alle halbe Stunde kurz umrühren.

06 Die Suppe in kleinen tiefen Schälchen anrichten, je 1 Kugel Eis daraufsetzen. Mit der restlichen frischen Minze garnieren.

07 Den Granatapfel halbieren, die Kerne herauslösen und diese als Garnitur auf die Suppe geben.

TIPP: Zu anderen Jahreszeiten eignen sich alternativ auch vollreife Früchte wie Erdbeeren, Aprikosen oder Zwetschgen (diese zuvor kurz einkochen). Bei wasserarmen Früchten etwas Flüssigkeit zugeben.

Impressum

Redaktion: systemed Verlag, Lünen
systemed GmbH, Kastanienstr. 10, 44534 Lünen
Lektorat: Susanne Bader, Weißach

Fotografie: Studio Reiner Schmitz, München
Foodstyling: Marcel Sumpf, München

Umschlaggestaltung: Hauptmann & Kompanie Werbeagentur, Zürich
Satz: A flock of sheep, Lübeck

Druck: Druckerei Uhl, Radolfzell
ISBN: 978-3-95814-004-2

1. Auflage

systemed verlag

LOGI® DAS ORIGINAL BEI SYSTEMED